Psicologia Oscura

Il manuale per imparare le tecniche segrete della Psicologia. Come influenzare, persuadere e convincere le persone.

Di Francesco Martini

Nota Legale

Le informazioni contenute in questo libro e i suoi contenuti non sono pensati per sostituire qualsiasi forma di parere medico o professionale; e non ha lo scopo di sostituire il bisogno di pareri o servizi medici, finanziari, legali o altri che potrebbero essere necessari. Il contenuto e le informazioni di questo libro sono stati forniti solo a scopo educativo e ricreativo.

Il contenuto e le informazioni contenuti in questo libro sono stati raccolti a partire da fonti ritenute affidabile, e sono accurate secondo la conoscenza, le informazioni e le credenze dell'Autore. Tuttavia, l'Autore non può garantirne l'accuratezza e validità e perciò non può essere ritenuto responsabile per qualsiasi errore e/o omissione. Inoltre, a questo libro vengono apportate modifiche periodiche secondo necessità. Quando appropriato e/o necessario, devi consultare un professionista (inclusi, ma non limitato a, il tuo dottore, avvocato, consulente finanziario o altri professionisti del genere) prima di usare qualsiasi rimedio, tecnica e/o informazione suggerita in questo libro.

Usando i contenuti e le informazioni in questo libro, accetti di ritenere l'Autore libero da qualsiasi danno, costo e spesa, incluse le spese legali che potrebbero risultare dall'applicazione di una qualsiasi delle informazioni contenute in questo libro. Questa avvertenza si applica a qualsiasi perdita, danno o lesione causata dall'applicazione dei contenuti di questo libro, direttamente o indirettamente, in violazione di un contratto, per torto, negligenza, lesioni personali, intenti criminali o sotto qualsiasi altra circostanza.

Concordi di accettare tutti i rischi derivati dall'uso delle informazioni presentate in questo libro.

Accetti che, continuando a leggere questo libro, quando appropriato e/o necessario, consulterai un professionista (inclusi, ma non limitati a, il tuo dottore, avvocato, consulente finanziario o altri professionisti del genere) prima di usare i rimedi, le tecniche o le informazioni suggeriti in questo libro.

Table of Contents

Introduzione

Si dice che la conoscenza sia potere. Se è vero, allora conoscere la psicologia umana potrebbe essere paragonabile all'avere dei superpoteri. La psicologia, cioè la comprensione della personalità umana e di come funzioni, è un argomento fondamentale: comprende tutto, dalla criminologia alla religione, dalla pubblicità alla finanza, l'odio e l'amore. Chi riesce a comprendere il funzionamento della mente può avere un impatto sugli altri. Di solito è difficile studiare psicologia. Come la maggior parte delle conoscenze più privilegiate ed eccezionali dell'umanità, è nascosta fra le pagine di libri spessi e tenuta lontano dalla popolazione generale. Per raffinare questa conoscenza potente e renderla fruibile, bisognerebbe scavare fra mille diari e libri, separando le cose utili da quelle inutili.

La psicologia oscura è un concetto molto conosciuto nel mondo di questi tempi. Forse non ti interessa, ma non è un fatto che puoi cambiare. Perciò, devi prendere una decisione: puoi cercare di rimanere insensibile a qualcosa di potente e rischiare di diventarne vittima, oppure prenderti le tue responsabilità e capire come proteggere te e chi ti sta attorno da chi potrebbe volerti abbattere tramite un abuso mentale.

Gli individui con personalità oscure potrebbero sembrare normali a primo impatto, ma non lo sono: sono acuti e sanno come manipolare gli altri, sono privi di empatia, compassione, emozioni o sentimenti. Gli importa solo di loro stessi e cercano sempre modi per guadagnarsi la simpatia delle altre persone. Interpretano la parte degli innocenti, ma non lo sono. Potrebbero ridere di te alle tue spalle ma, quando ti hanno di fronte, ti fanno credere di essere tuoi amici. Persone del genere sono pericolose; non gli importa della sofferenza degli altri. Perciò, gli psicologi studiano il comportamento di questo tipo di persone per capire loro e il motivo per cui sono diventate così.

Capire la psicologia oscura non è solo una misura protettiva. All'interno dell'universo della psicologia oscura ci sono concetti che possono permetterti di eccellere nella tua vita professionale e personale. Nessuno dice che devi diventare pazzo; tuttavia, puoi utilizzarne alcuni aspetti nella tua vita quotidiana. Questo libro ti fornisce le linee guida sull'argomento, spiegandoti ampiamente il concetto di psicologia oscura. Ogni capitolo spiega una nuova idea servendosi di diversi esempi o casi pratici.

Leggendo attentamente questo libro, potrai capire il comportamento delle persone. Potresti capire con chi vivi o lavori. E poiché la conoscenza è potere, questo libro ti spiega lo scopo della psicologia oscura, alcuni fatti che la riguardano e anche le tecniche che possono influenzare la tua mente. Descrive anche i tratti oscuri, i motivi per cui le persone li hanno e i loro effetti sulla società in generale. In breve, questo libro è perfetto per aumentare la tua conoscenza.

Capitolo 1

Cosa è la Psicologia Oscura e Come Viene Usata?

La Psicologia Oscura è lo studio dei comportamenti manipolativi o di controllo mentale usati per persuadere gli altri. Comprende la natura umana che controlla la mente delle persone e gli fa manipolare gli altri. L'idea ha attirato l'attenzione di molti per diversi decenni. Nella vita di tutti i giorni, potresti imbatterti in alcune storie sui social media o alla televisione su persone che ipnotizzano o manipolano gli altri secondo il proprio tornaconto personale. Molti usano queste tecniche quotidianamente per persuadere il prossimo, senza che tu te ne renda conto. D'altro lato, potresti anche stare usando la Psicologia Oscura per il tuo bene.

La Psicologia Oscura cerca di capire le percezioni e i sentimenti delle persone associate a questi comportamenti. È un argomento che affascina e, allo stesso tempo, spaventa. Le autorità maggiori o chi si trova nei ranghi più elevanti, come i politici, usano il proprio potere per controllare le menti di chi si trova più in basso rispetto a loro. Lo vediamo anche nella pubblicità. Molte aziende pubblicitarie usano il concetto della Psicologia Oscura per persuadere gli spettatori a comprare prodotti. A casa, invece, si possono notare delle tattiche di persuasione o manipolazione usate da genitori e figli per influenzarsi a vicenda e ottenere ciò che vogliono gli uni dagli altri. Nell'ambito dell'istruzione, gli insegnanti la usano per convincere gli studenti a raggiungere gli obiettivi desiderati. A loro volta, gli studenti la usano per influenzare gli insegnanti e prendere voti migliori a scuola.

Secondo la Psicologia Oscura, ipnotizzare e controllare la mente sono azioni al 99% intenzionali e mirate, mentre solo l'1% delle volte si tratta di azioni irrazionali. Le tattiche di persuasione, manipolazione e incentivazione rientrano nell'ambito della Psicologia Oscura e sono usate negli annunci su internet, nelle tecniche di vendita e nelle pubblicità. Persone di tutte le culture, religioni e credenze le hanno radicate dentro di sé. Gli psicologi affermano che le persone si comportano in questo modo per ottenere sesso, potere o denaro.

Tipi Diversi di Controllo della Mente nella Psicologia Oscura

La Psicologia Oscura tratta del controllo della mente, che può verificarsi in diversi modi. È ormai da molto tempo che si usa la tecnica del controllo della mente per persuadere gli altri. Quando la gente sente pronunciare le parole "controllo mentale", vi associa pensieri positivi e negativi. Molte teorie spiegano il modo in cui il governo usa il controllo della mente per influenzare gli altri. Anche in ambiente forense si usa la tecnica del lavaggio del cervello per manipolare i criminali. Ci sono diversi tipi di controllo della mente, usati a diversi stadi della vita per soddisfare i propri bisogni. Vengono usati per avere la meglio sugli altri, di modo che obbediscano ai comandi del manipolatore. Alcune delle tipologie sono:

- Lavaggio del cervello

- Manipolazione

- Inganno

- Persuasione

- Ipnosi

1. Lavaggio del cervello

Il tipo di controllo della mente più usato è il lavaggio del cervello. È legato al concetto di un manipolatore che influenza la vittima per modificare le sue credenze e sostituirle con delle nuove riguardanti un argomento in particolare. La mente della vittima viene alterata usando varie tecniche psicologiche. Il lavaggio del cervello spesso viene fatto per cambiare le credenze religiose e culturali di una persona e indirizzarle verso un'altra religione o cultura. Molte volte le persone vengono costrette a cambiare i propri ideali quando si trasferiscono in un nuovo Paese o entrano all'interno di una nuova cultura o società. Tuttavia, il lavaggio del cervello non è sempre negativo. A volte viene fatto dal governo o dalle autorità per fare rispettare pacificamente leggi e normative.

Ci sono diverse convinzioni errate sul lavaggio del cervello. Molte persone lo considerano un processo tramite cui si controllano gli altri, mentre c'è chi afferma che è impossibile fare il lavaggio del cervello a chiunque. Vengono usate diverse tattiche per fare il lavaggio del cervello a una persona in modo da cambiarne le credenze riguardo a un dato argomento. Il lavaggio del cervello coinvolge vari approcci, che vengono applicati per persuadere un soggetto.

L'idea del lavaggio del cervello non è nuova nella nostra società e, anzi, ne possiamo vedere diversi esempi nel corso della storia. In passato, veniva usato principalmente sui criminali. Questa tecnica non è un processo immediato, ma richiede diversi passaggi perché abbia successo.

Passaggi per fare il lavaggio del cervello

- Prima di tutto, bisogna tenere il soggetto isolato. L'isolamento è fondamentale per il lavaggio del cervello, perché se è circondato da altre persone, le tattiche non funzioneranno efficacemente.

11

- Il secondo passaggio richiede che il soggetto metta in dubbio se stesso. Ciò significa che gli viene detto che i fatti, la logica e i valori che conosce non sono reali. Il soggetto rimane in questa seconda fase per diversi mesi prima di credere del tutto di non stare obbedendo a leggi, regole e valori giusti. La persona coinvolta diventa quindi vittima del senso di colpa.

- L'ultimo passaggio è il riconoscimento del fatto che le nuove idee, valori e leggi sono quelli giusti. Il soggetto viene indotto a scegliere questi nuovi valori e comprende a pieno le nuove idee. Impara a conoscere i benefici di questi nuovi concetti e riconosce che sono migliori dei precedenti. A questo punto, rimarrà fedele alle sue nuove credenze.

L'intero processo può richiedere diversi mesi o persino anni. Sono necessari degli incontri e delle conversazioni frequenti col soggetto. Il lavaggio del cervello non viene fatto sempre con scopi malvagi. A volte gli amici si persuadono o fanno il lavaggio del cervello l'un l'altro a scopo di bene.

2. Manipolazione

Un altro tipo di controllo della mente ampiamente usato è la manipolazione. La manipolazione psicologica riguarda il cambiamento della percezione e dei pensieri di un individuo per indirizzarli verso una direzione definita. La manipolazione può essere fatta con amore o in maniera aggressiva. Le persone ingannano o abusano degli altri per sopraffarli. La manipolazione prevede che una persona persuada gli altri a suo vantaggio, a prescindere da quanto possa nuocere al soggetto. Alcuni capiscono quando vengono manipolati, mentre altri non ne sono in grado. Ci soggetti che non riconoscono che la manipolazione viene fatta per controllargli la mente, e invece la considerano solo come una persuasione.

La manipolazione può essere efficace solo quando avviene tra individui che si conoscono bene. Le vittime capiscono le vere intenzioni di un manipolatore solo quando è troppo tardi. Tuttavia, nel caso se ne accorga prima che il processo sia stato completato, il soggetto potrebbe venire ricattato dal manipolatore, in modo che quest'ultimo possa raggiungere il suo scopo ultimo. La vittima rimane così bloccata in una situazione terribile, e deve obbedire al manipolatore finché non ottiene ciò che vuole.

Il manipolatore non comprende i sentimenti del soggetto e non li considera importanti. Se il manipolatore ritiene necessario ferire il soggetto, lo farà senza porsi domande. Questa è la forma più pericolosa di controllo della mente, soprattutto se si tratta di un manipolatore esperto in tecniche di ricatto e minacce.

Tratti delle persone manipolative

Le persone manipolative sono esperte nell'inganno e nel controllo degli altri. La cosa peggiore è che è difficile capire le vere intenzioni di un manipolatore, perché sembra essere una persona rispettabile, che si comporta bene. Molte volte, i manipolatori confondono le vittime con le proprie azioni. Modificano i fatti a loro vantaggio e sono maestri della menzogna. Inoltre, giocano spesso il ruolo della vittima e si comportano come se tu li avessi feriti, facendoti così sentire in colpa per qualcosa che non hai fatto. Saranno aggressivi un attimo prima, per poi essere gentili quello dopo in modo da confonderti e usare le tue insicurezze contro di te. Ti criticheranno e loderanno allo stesso tempo per tenerti sempre sulle spine e non farti capire le loro vere intenzioni.

In questa sezione, elenchiamo alcuni dei tratti principali dei manipolatori. Ti aiuteranno a individuarli più facilmente. Riconoscerli è importante per la tua sicurezza, per la tua sopravvivenza e per il mantenimento della tua sanità mentale. Ecco alcuni dei tratti/caratteristiche dei manipolatori.

i.   I manipolatori mentono costantemente

Raggiungono i loro obiettivi mentendo sempre agli altri. Dicono ciò che va a loro vantaggio e nascondono ciò che non può aiutarli a raggiungere i loro scopi.

ii.   I manipolatori ti fanno sentire in colpa

I manipolatori danno la colpa agli altri senza motivo. Fanno sentire in colpa le persone che gli sono più vicine perché non li assecondano e non fanno quello che dicono.

iii.   I manipolatori rispondono in maniera vaga

Non danno mai una risposta diretta. Se qualcuno gli fa una domanda, risponderanno sempre in maniera vaga. Non risolvono mai i dubbi degli altri. È probabile che non rispondano affatto alle domande scomode, ma se lo fanno sarà in modo vago.

iv.   I manipolatori dicono mezze verità

Non dicono la verità, solo mezze verità. Manipolano o modificano la verità secondo la situazione o ciò che potrebbe andare a loro vantaggio. Potrebbero nascondere informazioni importanti, oppure esagerarle. Dicono la verità che gli conviene.

v.   I manipolatori individuano le debolezze

La cosa più pericolosa dei manipolatori è che sono in grado di individuare i punti deboli della persona che vogliono persuadere. Trovano una debolezza e la usano contro la vittima per farla obbedire. I manipolatori ricattano la persona sfruttando tale debolezza e le chiedono di fare ciò che dicono.

vi.   I manipolatori scaricano la colpa sugli altri

I manipolatori non si assumono mai la colpa delle proprie azioni. Rendono gli altri responsabili delle loro parole e azioni. Mentono in faccia alla persona e gli danno la colpa per tutto ciò che hanno fatto. All'inizio, non credono di aver fatto qualcosa di sbagliato, vivono nella fantasia di avere ragione e di comportarsi bene. Sono gli altri ad avere torto. Nel caso in cui ammettano di avere fatto qualcosa di sbagliato, si giustificano con varie scuse.

vii.   I manipolatori si comportano da vittime

Molte volte i manipolatori si comportano da vittime per conquistare la simpatia degli altri. Anche se fanno cose sbagliate, rendono comunque gli altri responsabili delle proprie azioni e interpretano il ruolo della vittima. In questo modo, le persone possono provare compassione nei loro confronti.

viii. I manipolatori si ingelosiscono facilmente

Non sopportano che qualcuno li superi. È facile che diventino gelosi degli altri e cerchino di abbatterli. Sono gelosi anche dei propri partner o genitori.

ix. Fanno dubitare gli altri delle proprie abilità e qualità

I manipolatori usano diverse tecniche per fare dubitare gli altri delle proprie qualità, abilità o persino della personalità. Li fanno dubitare di loro stessi. Le persone iniziano a dubitare del proprio aspetto, delle proprie capacità. I manipolatori giudicano e sminuiscono spesso gli altri.

x. Le persone manipolative usano il trattamento del silenzio

I manipolatori usano il trattamento del silenzio sui propri cari. Ignorano una persona, non le fanno esprimere la sua opinione, o si allontanano del tutto. I manipolatori si considerano potenti e dominanti ma, in realtà, hanno poca autostima. Provano piacere nel ferire gli altri. Il trattamento del silenzio è uno dei tratti distintivi di un manipolatore.

xi.   I manipolatori sono egocentrici

L'attenzione dei manipolatori è rivolta completamente verso loro stessi. Non pensano agli altri, ma solo ai propri interessi, a ciò che piace a loro. Le uniche cose che gli importano sono loro stessi e quelle che vanno a loro vantaggio. Agiscono solo per raggiungere i loro obiettivi, anche se potrebbero ferire altre persone nel processo.

xii.   I manipolatori insultano indirettamente

I manipolatori fanno pettegolezzo maligno per insultare indirettamente gli altri, per cercare di farli obbedire alla loro volontà. È una tattica usata per influenzare le persone.

xiii.   I manipolatori fanno complimenti e regali

All'inizio della relazione, i manipolatori incoraggiano gli altri. Fanno regali e offrono incentivi per creare un buon rapporto. I manipolatori ricoprono le persone di regali costosi per esprimere affetto o amore.

Tecniche di manipolazione

Un manipolatore cerca a tutti i costi di raggiungere il suo obiettivo usando diverse tecniche. Le tattiche di manipolazione usate più di frequente sono:

- Ricatto emotivo

- Mentire

- Creare un'illusione

- Ricatto

- Abbattere il soggetto

i.   Ricatto emotivo

Se un manipolatore riesce a raggiungere i sentimenti di una persona, può persuaderla facilmente. Il ricatto emotivo prevede che nel soggetto vengano inculcati senso di colpa o compassione. Il manipolatore ne attacca le emozioni e conquista la sua simpatia o lo fa sentire in colpa per ciò che ha fatto. Compassione e senso di colpa sono sufficienti per persuadere il soggetto e farlo obbedire al volere del manipolatore, che si approfitta di ciò.

Il ricatto emotivo attacca direttamente le emozioni della persona e il manipolatore lavora proprio su queste, anziché sulla salute fisica.

ii. **Ricatto**

Questa tecnica è simile al ricatto emotivo, ma potrebbe non comprenderlo. Il ricatto prevede un atteggiamento minaccioso che potrebbe essere distruttivo per il soggetto. Le minacce potrebbero riguardare l'uccisione di qualcuno, privare il soggetto dei suoi possedimenti, o altri pericoli fisici.

A volte ricatto ed estorsione vengono usati come sinonimi, ma ci sono delle differenze fra i due. Possono essere usati insieme per ottenere risultati efficaci.

Il ricatto ha bisogno di tempo per funzionare bene, perché il manipolatore deve prima conoscere il soggetto. Ottiene informazioni estensive sulla sua vittima, poi ne attacca i punti deboli. Potrebbe anche minacciare di rivelare i segreti del soggetto. A questo punto, la vittima potrebbe sentirsi effettivamente minacciata e obbedire al manipolatore. In ambito lavorativo, il capo può minacciare di licenziare gli impiegati o di non dargli promozioni se non fanno ciò che dice.

iii. **Creare un'illusione**

I manipolatori possono creare delle illusioni per raggiungere i loro obiettivi. Lavorano sodo per creare un'immagine della questione in modo da influenzare il soggetto perché gli obbedisca. Il soggetto considera l'illusione come se fosse la realtà. Per dimostrare di avere ragione, i manipolatori creano anche delle prove false. Prima di creare un'illusione, il manipolatore attraversa una serie di fasi. All'inizio, pensa alle idee e alle storie che può usare per creare un'illusione. Dopodiché, le pianta nella mente del soggetto e lascia che le assorba per qualche giorno, per poi tornare da lui e fargli seguire il suo piano.

iv.   Abbattere il soggetto

È la tecnica peggiore che si possa usare per manipolare o sopraffare gli altri. Il manipolatore abbatte il soggetto per fargli seguire i suoi ordini. Per farlo, lo critica in tutto ciò che fa, lo umilia in pubblico, facendolo così obbedire alla sua volontà. Il manipolatore mira ai punti deboli del soggetto e li usa per umiliarlo davanti a tutti.

Tuttavia, quando il manipolatore umilia il soggetto, a questo potrebbe non piacere e, quindi, potrebbe cercare di stargli alla larga. Ciò succede perché capirà di essere attaccato o ferito dal manipolatore. In questo caso, il manipolatore cercherà di tornare nelle grazie del soggetto, tramite battute o sarcasmo. L'umorismo è un ottimo modo di costruire una buona relazione col soggetto abbassando le barriere fra i due.

Il manipolatore può anche trasformare gli insulti in battute. La vittima non sarà in grado di capire se la stia umiliando o meno e non avrà cicatrici visibili.

Un altro modo usato dai manipolatori per abbattere i soggetti è di farlo in terza persona, in modo da non fare capire alla vittima che è opera loro. Il soggetto pensa che sia una terza persona ad abbatterlo e a parlare male di lui.

L'idea alle spalle di questa tecnica è di fare sentire la vittima molto inferiore rispetto al manipolatore. Se la vittima raggiunge uno status o un grado superiore, il manipolatore vorrà qualcosa da lei. Cercherà di migliorare la relazione con questa persona, di modo da poterla sopraffare e trovarsi in una posizione di vantaggio per poterla persuadere.

v.   Mentire

I manipolatori sono sempre maestri della menzogna, a prescindere da quali siano le loro intenzioni. Mentono la maggior parte delle volte per ottenere ciò che vogliono o soddisfare i loro bisogni. Mentono e nascondono la verità o i fatti al soggetto.

Lo scopo delle bugie è di aiutarli a raggiungere i loro scopi. In più, possono compiere i loro piani in maniera molto più efficace se non dicono la verità. Un manipolatore mente per persuadere il soggetto ed entrare nelle sue grazie.

Più avanti, la vittima scoprirà la verità, ma sarà troppo tardi. Anche se volesse disobbedire al manipolatore non potrebbe, perché questo lo minaccerebbe.

Inoltre, quando raccontano qualcosa i manipolatori omettono le parti che non vanno a loro favore, oppure le sostituiscono con delle bugie che si accordino meglio ai loro scopi. Per il soggetto è difficile capire se queste storie siano vere o false.

Perciò, è necessario cercare sempre di capire chi sia un manipolatore: non bisogna mai obbedirgli e stare attenti in sua presenza.

3. Inganno

L'inganno può avere un effetto negativo sul soggetto ed è perciò considerato una delle tipologie di controllo della mente. L'inganno viene usato per cambiare le credenze del soggetto riguardo un evento o una cosa specifica. Potrebbe includere la distrazione del soggetto dai fatti, la propaganda e il mascheramento delle vere intenzioni. Il soggetto non è consapevole di essere ingannato. L'inganno ha lo scopo di ferire gli altri e il manipolatore spesso nasconde delle informazioni al soggetto che potrebbero invece proteggerlo. L'inganno è molto diffuso fra le coppie e in altri tipi di relazioni, e porta alla mancanza di fiducia.

L'inganno può portare alla violazione di regole e della fiducia, che a loro volta portano alla frustrazione fra le coppie. È molto dannoso quando si verifica fra amici o in altre relazioni intime costruite sulla base della fiducia. I partner vogliono che la propria dolce metà sia onesta, che non li tradisca. Quando non è così, quando il partner li inganna, nascono i problemi.

Il problema principale è quindi la fiducia: il soggetto non si fiderà mai più del partner una volta che è stato ingannato. Tuttavia, a volte l'inganno può essere positivo. Uno dei partner potrebbe ingannare l'altro per aiutarlo. Per esempio, quando qualcuno ha detto qualcosa alle sue spalle e non glielo dice per evitare di ferirlo.

4. Ipnosi

Anche l'ipnosi è una tecnica di controllo della mente molto usata. Un'associazione di psicologi definisce l'ipnosi come la comunicazione cooperativa fra due individui, uno dei quali influenza l'altro tramite delle suggestioni a cui il paziente risponde. L'ipnosi è molto usata dai professionisti negli ospedali e in altri tipi di cliniche per aiutare i soggetti a elaborare vari problemi psicologici, fra cui depressione, ansia, dolore e altro.

Molti casi in passato hanno dimostrato che l'ipnosi aiuta a ridurre i sintomi della demenza in molti pazienti. Le suggestioni fornite dall'ipnotista potrebbero essere benefiche o dannose a seconda delle sue intenzioni. Molte persone considerano l'ipnosi come uno stato mentale alterato vulnerabile alle suggestioni. Chi viene ipnotizzato è spesso molto attento, fantasioso e suggestionabile.

Diversi studi riportano gli effetti che l'ipnosi ha sul paziente. Molti l'hanno descritta come un'esperienza rilassante, mentre altri vi associano eventi negativi. C'è chi afferma di avere avuto il controllo conscio dell'esperienza, altri dicono che sia stata fuori dal loro controllo. Alcuni soggetti possono avere una conversazione normale quando sono ipnotizzati.

Gli esperimenti di Ernest Hilgard hanno portato alla conclusione che gli ipnotisti usano questo fenomeno per cambiare la percezione e le idee dell'individuo. L'ipnosi può essere usata in diversi campi. Può aiutare a curare depressione, ansia e dolori cronici, nonché il dolore del parto. Potrebbe anche ridurre i sintomi della demenza. Degli studi hanno rivelato che l'ipnotismo ha ridotto nausea e vomito nei pazienti di cancro durante la chemioterapia.

Ci sono molte credenze errate riguardo l'ipnosi. Alcune persone credono che venga usata per chiedere al soggetto di fare cose inappropriate. Molti studiosi hanno affermato che l'ipnosi è associata molto raramente al controllo della mente per scopi negativi. Tuttavia, può essere usata per alterare il modo di pensare del soggetto in modo da fargli abbandonare delle cattive abitudini.

Molti medici e professionisti usano l'ipnotismo per aiutare i soggetti a migliorare loro stessi.

Tipi di ipnosi

Esistono vari tipi di ipnosi, che funzionano in modo differente per raggiungere obiettivi diversi. Alcuni hanno lo scopo di aiutare il paziente a gestire stress, rabbia, ansia e dolore. In questo paragrafo, elenchiamo alcuni dei tipi di ipnosi per aiutarti a comprenderli meglio:

- **Ipnosi Ericksoniana**

Il tipo di ipnosi che va più in profondità è quella Ericksoniana, perché richiede l'uso di storie e metafore. Viene fatta solo dagli esperti, in quanto bisogna avere ricevuto una formazione specifica per poterla fare in modo efficace. Si usano delle storielle per introdurre le idee nell'inconscio del paziente.

Questo tipo di ipnosi comprende due tipi di metafore: interpersonali e isomorfiche. Con le prime, l'idea è inserita all'interno della storia, ed è molto difficile da comprendere per il soggetto; la seconda è più comune e facile da capire. Si tratta sempre di storie che si concludono con una morale.

- **Ipnosi tradizionale**

L'ipnosi tradizionale è quella più famosa e ampiamente usata. Prevede l'uso di suggestioni dirette all'inconscio del soggetto. È la più adatta per chi non fa troppe domande. Soggetti del genere accettano più facilmente i fatti e ne capiscono le motivazioni.

Per l'ipnosi tradizionale non c'è bisogno di avere ricevuto una formazione specifica o di avere molta esperienza. Funziona meglio su chi non pensa in maniera critica o analitica.

- **Tecnica incorporata**

Con la tecnica incorporata, il soggetto sentirà una storia affascinante da parte del manipolatore, con lo scopo di distrarre o tenere occupata la mente dell'individuo, ma che contiene delle suggestioni incorporate o nascoste che si infiltrano nella mente del soggetto. Inoltre, la storia dirige la mente inconscia usando delle istruzioni. Per cambiare il soggetto nel presente, la tecnica gli suggerisce l'esperienza passata che meglio si adatta allo scopo.

- **Video ipnosi**

I tipi di cui abbiamo parlato sino a ora sono i più famosi e usati, mentre la video ipnosi è più recente e, quindi, meno conosciuta. Serve per aiutare il soggetto a superare gli ostacoli in cui si imbatte per poter vivere meglio. La video ipnosi lavora sul processo di pensiero esistente invece di usare delle suggestioni, ed è perciò diversa dai metodi tradizionali di ipnosi.

La video ipnosi è recente, ma sta crescendo in fretta e viene usata sempre più di frequente. Ciò perché il 70% delle persone ritiene più facile imparare qualcosa grazie a un supporto visivo, invece di fare affidamento solo sull'udito.

Il livello conscio del soggetto crea delle associazioni visive, che rendono la video ipnosi più efficace. Per questo viene scelta sempre più spesso. Ci sono molti programmi disponibili per l'ipnosi, fra cui Neuro-VISION. Questo tipo di video ipnosi ha lo scopo di alterare e addestrare la mente inconscia dell'individuo usando degli elementi visivi digitali, che lo aiuteranno a liberarsi di ansia, preoccupazioni e dolori. Viene usata anche per fare smettere di fumare, mostrando ai fumatori le immagini degli effetti collaterali delle sigarette.

La video ipnosi può anche fare perdere peso a una persona obesa mostrandole gli effetti negativi della sua condizione e, allo stesso tempo, quelli positivi di una forma fisica migliore.

I soggetti che soffrono di ansia o dolori cronici possono sentirsi rilassati grazie a una sessione di video ipnosi. Tramite la video ipnosi si possono anche mostrare immagini di una vita felice e le conseguenze di una depressione o uno stato d'ansia troppo prolungati. Inoltre, induce a fare un confronto fra la vita felice che si vede e quella che si vive, che è un ottimo modo per fare calmare il paziente e farlo tornare a una vita normale.

Un bambino viziato può migliorare tramite la video ipnosi, mostrandogli diverse immagini delle conseguenze dell'essere cattivo, del disobbedire o essere maleducato nei confronti dei genitori. Si può fargli vedere cosa potrebbe riservargli il futuro, ad esempio se non va bene a scuola si possono mostrare le vite rovinate di chi non ha ricevuto un'educazione e le opportunità di lavoro che potrebbe avere ottenendo buoni voti. Tutte queste cose insieme faranno la differenza per il bambino e potrebbe mostrare segni di miglioramento nel giro di poche sessioni.

La video ipnosi non impiega molto tempo a essere efficace: si possono iniziare a vedere i risultati positivi dopo poche sessioni.

Per molti, è il tipo migliore di ipnosi.

5. Persuasione

La persuasione è molto simile alla manipolazione nell'influenzare i comportamenti altrui. Mira a cambiare il comportamento e ad aumentare la motivazione del soggetto. Il persuasore può agire per motivi buoni o cattivi. Nella vita di tutti i giorni vediamo diversi esempi di persone che vengono persuase. La persuasione è importante per la sopravvivenza sociale perché aiuta a uniformare le persone con mentalità diverse.

Viene usata molto in ambienti lavorativi in cui una persona o un gruppo ha bisogno di persuadere gli altri. Le compagnie pubblicitarie la usano per vendere prodotti. La persuasione può essere fatta a parole o tramite una comunicazione non verbale. Le parole sono migliori per esprimere i sentimenti e le informazioni, mentre la comunicazione non verbale può aiutare un soggetto a comprendere i ragionamenti.

Molti politici usano questa tattica prima o dopo le elezioni per persuadere il pubblico tramite le parole. Questo tipo di persuasione non viene considerato cattivo perché non fa del male a nessuno. Quando la persuasione viene fatta tramite logica e ragionamenti, viene chiamata sistemica. La persuasione euristica sfrutta invece le emozioni o le abitudini.

La persuasione è la tattica di controllo della mente usata più di frequente: in politica, per vendere prodotti, per convincere i genitori a comprarti qualcosa. Molte persone non si accorgono nemmeno di usarla.

La persuasione è positiva, a meno che non abbia come obiettivo gli ideali, le credenze e i valori personali del soggetto. Persuadere qualcuno a cambiare questi elementi sottintende degli intenti malvagi. La persuasione ha lo scopo di cambiare il comportamento e il modo di pensare del soggetto.

Elementi della persuasione

Ci sono diversi elementi che possono aiutarci a capire meglio cosa sia esattamente la persuasione. È la forma di comunicazione che prevede che una persona ne convinca un'altra a comportarsi come le viene detto. La parte migliore della persuasione è che permette al soggetto di scegliere liberamente, invece di seguire ciecamente il persuasore.

L'unico scopo della persuasione è di fare spostare la mente del soggetto verso la direzione desiderata dal persuasore. I soggetti possono scegliere liberamente che direzione prendere. Se la logica e i ragionamenti del persuasore sono abbastanza forti da fargli cambiare idea, allora seguiranno quanto dice.

La persuasione comprende diversi elementi che la rendono più facile da comprendere, e sono:

- Un messaggio persuasivo può essere trasmesso usando diversi mezzi, fra cui televisione, social media, interazione faccia a faccia o radio. La persuasione può essere verbale o non verbale. Il mezzo migliore di persuasione è l'interazione diretta, perché si può comunicare più facilmente il messaggio e capire meglio la reazione dei soggetti, in modo da stabilire che logica applicare per persuaderli.

- La persuasione è un'influenza intenzionale esercitata su un individuo o un gruppo. Il manipolatore cerca di modificare il comportamento del soggetto, si sforza di convincerlo a obbedire. Se la vittima pensa che la logica e i ragionamenti del manipolatore siano solidi, allora potrebbe seguire il suo piano. Bisogna tenere a mente che se si cerca di persuadere qualcuno senza avere uno scopo preciso, non sarà efficace. I manipolatori devono portare prove e logica a sostegno delle proprie affermazioni.

- Il soggetto non è costretto a seguire il valore di un manipolatore, ma può farlo se lo vuole. Se non considerasse il piano del manipolatore interessante, potrebbe rifiutarsi di seguirlo. La vittima ha la libertà di scelta.

- Si può persuadere tramite parole, suoni o immagini. I manipolatori influenzano il soggetto usando qualsiasi mezzo. Possono usare le parole e mostrare delle immagini pertinenti o anche riprodurre suoni per riuscire a persuadere gli altri. Mostrano tutto il necessario per poter cambiare il modo di pensare dei soggetti.

Come usare la Psicologia Oscura?

La Psicologia Oscura postula che ogni persona ha il potenziale e il desiderio di assumere il controllo sugli altri e farli agire secondo la sua volontà.

Ciò si può fare tramite diverse tattiche. Eccone alcune fra le più usate nella vita di tutti i giorni.

Manipolazione semantica

Fa riferimento all'idea di manipolare o ridefinire parole/frasi che gli altri presumono avere un significato o una definizione negativa. Governi, agenzie e persino compagnie pubblicitarie usano questa tecnica per modificare la percezione della gente riguardo qualcosa di positivo o negativo. Lo scopo è di fare accettare qualcosa che altrimenti verrebbe rifiutato.

Manipolazione per eccesso di amore

Questa tecnica di manipolazione inonda una persona con affetto, complimenti, adulazioni eccessive. Viene usata spesso da chi si trova a gradi inferiori nei confronti dei propri superiori per fare delle richieste. Per esempio, gli impiegati usano la manipolazione per eccesso di amore per ottenere un permesso o un aumento, gli studenti per convincere gli insegnanti a dargli voti più alti.

Psicologia Inversa

La psicologia inversa serve a convincere una persona a fare qualcosa dicendole esattamente il contrario di ciò che vuoi. Le agenzie pubblicitarie usano spesso questa tattica per aumentare le vendite dei prodotti.

Inondazione di fatti

Si spiegano le cose tramite fatti e numeri. Di solito, le opinioni casuali non hanno alcun effetto; perciò, è un'ottima idea usare i fatti. La tattica funziona meglio su chi ha poca autostima. Venditori, brand manager e agenzie pubblicitarie usano questo tipo di manipolazione per convincere le persone a comprare i loro prodotti.

Manipolazione tramite limitazione della scelta

Un manipolatore può dare a una persona una lista specifica di opzioni fra cui scegliere. Evita che si distragga e la aiuta a scegliere secondo il proprio desiderio. È una tattica di solito usata dai genitori per fare scegliere ciò che vogliono ai figli.

Abbandono

La persuasione tramite l'abbandono è anche chiamata "trattamento del silenzio": il persuasore inizia a evitare la persona.

Capitolo 2

Lo Scopo della Psicologia Oscura

La Psicologia Oscura ha lo scopo di spiegare e comprendere comportamenti, pensieri, schemi cognitivi e percezioni associati ai manipolatori.

La Psicologia Oscura fornisce degli studi approfonditi sugli schemi di pensiero dei manipolatori per aiutare le persone a comprendere le loro motivazioni o gli scopi nascosti dietro il loro comportamento.

La Psicologia Oscura studia la psiche umana che si cela dietro chi ha un comportamento manipolativo e aiuta le persone a distinguere fra i manipolatori e chi mostra sentimenti veri.

In ambiente lavorativo, aiuta il capo ad avere la meglio sui suoi impiegati per raggiungere livelli ottimali di produttività tramite la persuasione e l'incoraggiamento, nonché ad avere interazioni più efficaci con loro. D'altro lato, gli impiegati possono fingere empatia o usare la manipolazione per eccesso di amore per convincere il capo a dargli un aumento o altri incentivi.

Nelle cliniche, la Psicologia Oscura aiuta a stabilire diagnosi e trattamenti per i pazienti. La manipolazione può essere usata per arrivare alla causa alla base dei sintomi. I professionisti possono usare l'eccesso d'amore, le battute sarcastiche, l'abbandono, l'aggressività, la psicologia inversa e molti altri tipi di manipolazione per fare diagnosi e stabilire una terapia per i propri pazienti.

Capitolo 3

La Manipolazione nella Psicologia Oscura

La manipolazione è il punto cruciale della Psicologia Oscura, e ha lo scopo di cambiare la percezione e i comportamenti del soggetto. I manipolatori usano diverse tattiche per modificare i pensieri di un soggetto riguardo una certa situazione, cosa, persona o questione. Queste tattiche includono persuasione, lavaggio del cervello e ricatti.

È essenziale conoscere i tipi di manipolazione a cui si potrebbe essere soggetti nel corso della vita. L'intenzione del manipolatore potrebbe essere diretta a beneficio o a svantaggio del soggetto. Il lato negativo della manipolazione è che a chi la compie non importa dei sentimenti e dei bisogni della vittima: un manipolatore è disposto a ferirla fisicamente o emotivamente. I manipolatori provano a controllare la mente degli altri tramite ricatti, minacce o qualsiasi altro mezzo ritengano necessario per sopraffarli.

Molte volte il soggetto capisce di essere manipolato, ma non pensa che sia una tattica usata per controllarlo o fargli del male.

Alcune persone considerano la manipolazione un modo per avere successo nella vita. A tal proposito, i manipolatori usano diverse tecniche e tattiche per sopraffare il soggetto. Alcune di esse sono:

1. Mentire

I manipolatori creano storie false, esagerano o usano mezze verità. Nascondono la realtà al soggetto per farlo obbedire. Per esempio, a volte i marchi usano delle affermazioni false su prodotti o servizi che, in realtà, non offrono.

2. Ribaltare la verità

I manipolatori modificano i fatti perché corrispondano alla propria visione delle cose. È una tecnica usata spesso dai politici, che ribaltano la verità in modo che si adatti alle proprie normative. Questa tattica viene usata dai manipolatori per giustificare le proprie affermazioni, fornendo giustificazioni e chiarimenti falsi.

3. Rifiuto di dare affetto

I manipolatori spesso riescono a persuadere le persone rifiutando di dargli affetto o amore. In questo modo, possono torturare mentalmente il soggetto e farlo obbedire. Ciò succede nelle relazioni romantiche quando uno dei partner non si adatta all'altro: per convincerlo a farlo, il manipolatore non gli mostra più affetto o amore.

4. Battute sarcastiche

Il manipolatore usa delle battute sarcastiche contro il soggetto davanti agli altri per dimostrare quanto è potente. Molti vogliono evitare commenti del genere in pubblico, perciò si comportano come gli viene detto dal manipolatore.

5. Fare sentire indifeso il soggetto

Le persone innocenti sono spesso vittime di questa tattica. I manipolatori le fanno sentire indifese quando sanno che non potranno parlare dei loro problemi con nessuno, in modo da potere poi interpretare il ruolo di salvatore. Il manipolatore sfrutta l'impotenza della vittima per farla obbedire.

6. Aggressività

Per dimostrare il proprio dominio e potere sugli altri, il manipolatore usa l'aggressività. Funge da strumento di controllo, perché quando è aggressivo o ha scoppi d'ira spaventa la vittima che, invece di tornare sull'argomento scatenante, si concentra sul cercare di calmare il manipolatore.

7. Interpretare il ruolo della vittima

Il manipolatore inverte i ruoli e interpreta la vittima per conquistare la simpatia degli altri. La vittima diventa automaticamente ben disposta nei confronti dei suoi bisogni e richieste, e soddisfa i suoi desideri. È la tecnica più usata.

8. Fingere indifferenza

Il manipolatore non vuole farti sapere cosa vuole. Fingere indifferenza significa che ignorerà la vittima per attirare su di sé l'attenzione. Prima o poi, il soggetto asseconderà il manipolatore per farsi notare di nuovo.

9. Minacce

Una delle tattiche usate più di frequente è quella di abusare e punire gli altri. Il manipolatore assume spesso atteggiamenti aggressivi e minaccia l'individuo, oltre a punirlo per sopraffarlo e farlo obbedire. Molte volte usa anche violenza fisica, abuso mentale e molti altri tipi di punizioni.

10. Ricatto emotivo

Il ricatto emotivo è un'altra tecnica di manipolazione usata per intrappolare e sopraffare l'individuo. Lo accusa di non tenere a lui, di essere egoista, di non interessarsi a ciò che succede nella sua vita, il che rende il soggetto ansioso e confuso.

11. Fingere empatia

Come ben sai, i manipolatori di solito non provano empatia, ma la fingono se può andare a loro vantaggio. In questo modo, l'individuo è ben disposto nei suoi confronti: è un ottimo modo per farsi obbedire in modo tranquillo.

12. Stimoli positivi

I regali sono considerati un segno di amore: modificano ciò che una persona pensa di chi li fa. Gli stimoli positivi sono usati da molte persone. Si danno regali, giocattoli, denaro e altro al soggetto. Per esempio, i genitori possono regalare una macchina al figlio se si diploma con dei buoni voti, gli insegnanti premiano gli studenti che fanno i compiti a casa, e così via.

13. Minimizzare

I manipolatori tendono a minimizzare gli effetti delle loro brutte azioni. Cercano di convincere la vittima che ciò che hanno fatto non era così scorretto o dannoso come sembra. Tuttavia, quando il soggetto cercherà di esporre la propria opinione a riguardo, il manipolatore la considererà un'esagerazione o una reazione spropositata. In altre parole, minimizza gli effetti negativi delle sue azioni.

Capitolo 4

I Tratti Oscuri della Personalità

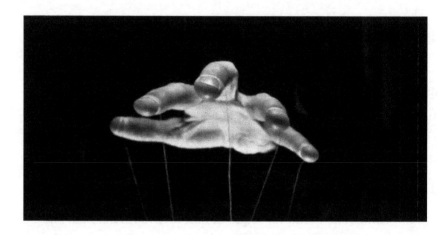

Vari ricercatori e psicologi hanno indicato numeri diversi di tratti della personalità oscura. Secondo Paulhus e i suoi colleghi, ci sono quattro personalità oscure che possiamo incontrare nella vita di tutti i giorni: Narcisisti, Machiavellici, Psicopatici non clinici e sadici comuni. Secondo Paulhus, molti psicologi li confondono coi tratti delle personalità misteriose. Ogni personalità oscura indicata da Paulhus e colleghi tende ad essere socievole ed estroversa, ma differiscono tra loro in maniera significativa.

Ad ogni modo, la maggior parte degli psicologi ha identificato tre personalità oscure principali, che hanno rinominato la "Triade Oscura". Si tratta di sociopatia, narcisismo e machiavellismo. Di solito sono considerate come negative, ma non tutti i tratti associati a queste personalità lo sono, avendo anche alcune caratteristiche positive; si può perciò dire che abbiano tratti benefici come anche dannosi. In questo capitolo, ti forniremo i tratti della Triade Oscura e della quarta personalità aggiunta da Paulhus.

Diamo un'occhiata alle caratteristiche di queste personalità per renderle più chiare.

Tratti della Personalità nella Psicologia Oscura

1. Narcisisti

I Narcisisti sono caratterizzati da un senso di grandiosità e dalla ricerca continua di attenzioni e ammirazione. È facile che infastidiscano gli altri col loro comportamento. I narcisisti hanno un'autostima molto elevata e una personalità drammatica. Molte star dell'industria mediatica hanno una personalità narcisistica.

I narcisisti si considerano unici e, se i loro sintomi si protraggono nel tempo, possono arrivare nell'area pericolosa della sofferenza.

I narcisisti pensano di essere i più amati sulla Terra. Non si vergognano delle proprie azioni e pretendono delle scuse da parte degli altri anche quando non hanno sbagliato; loro, invece, non si scusano mai. Pensano di dovere essere sempre tollerati e accettati.

I narcisisti non pensano di dovere sottostare alle regole e alle normative dettate dalle autorità. Ritengono che le regole esistano solo per gli altri, chi è sotto la media, e non per loro, che sono chiaramente superiori.

"Tutti devono essere contenti e interessati ai tuoi successi e ai tuoi desideri". I narcisisti, invece, non hanno rispetto per il successo degli altri: non mostrano lo stesso interesse e contentezza che vogliono dagli altri. Sono sempre in modalità "non mi importa".

"Devi apprezzarmi e lodarmi per i miei successi" è un tipo di pensiero caratteristico dei narcisisti, insieme a quello, sempre prevalente, che gli altri siano inferiori a loro, che sono così tanto superiori a tutti.

Si aspettano che tutti siano leali e corretti nei loro confronti a prescindere dalle loro azioni. Sperano che gli altri li apprezzino o accettino anche se li stanno criticando. D'altro lato, nessuno può criticarli in pubblico senza subirne le conseguenze.

"Per avere una buona relazione con me, devi obbedirmi". I narcisisti si aspettano che gli altri si comportino bene e obbediscano a ogni loro ordine, ma nessuno deve aspettarsi che un narcisista faccia lo stesso.

Vivere, lavorare o trascorrere del tempo con un narcisista può farti ammalare psicologicamente e fisicamente.

Avere a che fare con i narcisisti

Essendo circondati da personalità narcisistiche, è essenziale conoscerne i tratti. Solo chi ne capisce lo schema di pensiero può riuscire a vivere con un narcisista. Inoltre, puoi aiutare i tuoi parenti, figli o il tuo partner a superare questo tipo di personalità solo se riesci a capirla e conoscerla bene. La cosa migliore che parenti, partner, figli, colleghi, compagni di scuola e insegnanti possono fare per chi ha una personalità narcisistica è essere di supporto.

Ci sono diversi modi per gestire un narcisista e per rendere possibile vivere con lui. Devi iniziare accettando alcune cose:

- Prima di tutto, devi accettare che potresti sentirti degradato o sminuito. Accettalo! Perché i narcisisti si sopravvalutano e non hanno rispetto per gli altri.

- I bisogni e i desideri dei narcisisti devono essere soddisfatti per primi, in ogni caso. Non capiscono quando chiedono troppo, perciò potrebbero richiedere cose che ti risultano difficili da trovare o comprare. Fai del tuo meglio per soddisfare i loro bisogni.

- Sii sempre pronto a essere trattato in modi che non avresti mai immaginato. I narcisisti sono molto maleducati e non si aspettano di ricevere lo stesso trattamento. In altre parole, devi essere gentile nei confronti di qualcuno che non lo sarà mai nei tuoi. È molto raro che i narcisisti siano gentili, e lo sono solo quando vogliono ottenere qualcosa per il proprio guadagno personale. Perciò stai attento.

- I narcisisti pensano sempre di essere superiori agli altri e di non avere eguali. Perciò, preparati ad accettare di essere trattato da inferiore.

- Non esiste la parola "scusa" sul dizionario dei narcisisti. Non aspettarti che si scusino per i loro errori o per il modo in cui ti trattano.

- Potresti sentirti scioccato, insicuro, inconsistente. Sono sentimenti reali che devi abituarti a provare quando hai a che fare con un narcisista.

- I narcisisti non rispettano mai leggi, regole e normative. Non seguono un codice etico o dei principi morali, a meno che non gli convenga; altrimenti, sono solo parole!

- A volte potresti doverli tirare su di morale anche se sei tu ad avere bisogno di motivazione.

- L'unica parola importante per un narcisista è "io". Pensano e parlano solo di loro stessi, dei propri valori, principi, e ignorano quelli degli altri.

- I narcisisti vogliono avere sempre il controllo e manipolare gli altri. A questo scopo, si inventano spesso le cose. Quando vengono beccati a mentire, rigirano la colpa sull'interlocutore. Perciò, sii sempre pronto a discussioni del genere.

- I narcisisti hanno spesso degli scoppi d'ira, perciò potresti non sentirti sicuro. Stai sempre attento, perché un narcisista potrebbe attaccarti.

2. Machiavellici

Le personalità machiavelliche sono definite "maestre manipolatrici" e sono molto abili nell'ingannare gli altri. Le vittime capiscono le intenzioni dei machiavellici quando ormai è troppo tardi. Se una persona è molto concentrata sui suoi obiettivi, il machiavellico ne manipola i pensieri e la inganna per farla distrarre. Non hanno bisogno di seguire un corso sulla manipolazione: sono predisposti all'arte dell'inganno. Usano gli altri per raggiungere i propri obiettivi. Chi si trova in posizioni di potere o ha uno status elevato sceglie di essere machiavellico per poter ottenere ancora più potere sugli altri.

Il termine "machiavellico" deriva dal nome del filosofo del Rinascimento Niccolò Machiavelli, famoso per il libro in cui affermava che chi si trovava al potere dovesse essere duro e rigoroso nei confronti dei suoi sudditi.

I machiavellici hanno solitamente lo scopo di conquistare il mondo o di raggiungere i propri obiettivi ingannando gli altri. Il termine è stato coniato negli anni '70 da Florence L. Geis e Richard Christie, che hanno creato la Scala Machiavellica da cui è derivato il nome della personalità.

Sono stati condotti diversi studi per capire le differenze di genere nel machiavellismo e si è scoperto che è più diffuso fra gli uomini: è più probabile che siano loro a ingannare gli altri per raggiungere i propri scopi.

La Triade Oscura comprende tre tipi di personalità: narcisismo, sociopatia e machiavellismo. È stato scoperto che quest'ultimo riceve meno attenzioni degli altri due.

Caratteristiche dei machiavellici

- I machiavellici tendono a essere affascinanti e amichevoli. Usano l'aprirsi agli altri come tattica da usare contro di loro: in questo modo, gli interlocutori sono disposti a condividere i propri sentimenti e segreti, che diventano un'arma per i machiavellici. Sono trucchi usati per nascondere le loro vere intenzioni.

- Nessuno vorrebbe avere un machiavellico nel proprio gruppo, al lavoro o in altri aspetti della vita; potrebbero essere dei buoni avversari, ma non si vuole avere nessun tipo di rapporto con loro.

- A volte i machiavellici fingono di sentirsi in colpa per le loro azioni solo per ottenere la compassione degli altri. Stai attento a queste tattiche dannose.

- I machiavellici usano spesso le minacce per persuadere gli altri.

3. Psicopatici

Sono considerati la personalità più oscura e pericolosa. Diversi studi eseguiti sugli psicopatici in carcere e all'interno di una comunità hanno dimostrato che presentano un tasso di criminalità più elevato.

Si tratta di personalità prive di empatia che assumono atteggiamenti manipolativi, comportamenti antisociali e sono coinvolte in attività illegali (anche se non sempre). Nei casi più estremi, gli psicopatici possono essere assassini a cui non importa della vita degli altri. È molto difficile individuarli perché sembrano normali e sono molto affascinanti. La cura degli psicopatici adulti è considerata ardua: i tratti di questo tipo di personalità sono innati o genetici, perciò si è predisposti ad esserlo. Secondo il Manuale Diagnostico e Statistico, gli psicopatici e i sociopatici rientrano nei disturbi antisociali di personalità, che sono dovuti a fattori innati e ambientali. Diversi studi hanno scoperto che gli uomini soffrono del disturbo più delle donne. I sintomi si presentano intorno ai 20 anni e si riducono quando si raggiungono i 40.

Ci sono poche possibilità di incontrare una persona psicotica: secondo alcuni studi, solo l'1% della popolazione mondiale mostra tratti psicopatici, ma addirittura il 3% degli imprenditori rientra nella categoria.

Quando si incontra per la prima volta uno psicopatico, è molto difficile individuarlo, poiché la sua natura e le sue caratteristiche diventano evidenti solo col tempo.

Gli psicopatici sono incapaci di distinguere le emozioni. A volte potrebbero confondere l'interesse sessuale con l'amore, o la rabbia con l'irritabilità. Provano solo emozioni superficiali. Di solito, parlano più delle persone normali; possono essere divertenti e raccontare molte storie. Non mostrano mai la loro vera personalità, sembrano sempre affascinanti e attraenti. Molte volte parlano di vari argomenti come se fossero degli esperti ma, in realtà, non ne sanno niente. Gli psicopatici sono altamente manipolativi e riescono a controllare gli altri con facilità. Sono davvero maestri della manipolazione.

Gli psicopatici hanno molta autostima, sono orgogliosi e arroganti, e pensano di avere sempre ragione, anche quando non è così. Hanno poco controllo sul proprio comportamento e, di solito, non hanno obiettivi a lungo termine e negano la realtà.

Caratteristiche degli psicopatici

In questo paragrafo, elenchiamo diverse caratteristiche degli psicopatici che ti aiuteranno a individuarli facilmente.

- **Fascino**

Gli psicopatici sembrano normali e piacciono a tutti. Quando chiacchierano del più e del meno, sembrano educati e gentili. Attirano spesso l'attenzione grazie alla loro personalità. Raccontano storie interessanti e sono bravi a persuadere. In generale, hanno una personalità affascinante e sono bravi ad attirare gli altri.

- **Mancanza di empatia**

Gli psicopatici non pensano agli altri prima di fare qualsiasi cosa. Non pensano che le loro azioni possano ferire i sentimenti di qualcuno. Danno la colpa agli altri invece di ammettere di avere fatto del male a una persona. Agli psicopatici mancano empatia, amore e attenzione. Sarebbero persino disposti a uccidere qualcuno se potesse andare a loro vantaggio.

- **Aggressività**

Gli psicopatici hanno tendenze aggressive e sono spesso coinvolti in atti di bullismo. I primi segni si mostrano negli anni scolastici, per poi trasferire quell'aggressività su colleghi, familiari e amici. Le vittime sono di solito le persone che non sanno difendersi. Gli psicopatici si ingelosiscono spesso e sono prepotenti nei confronti delle persone di cui sono gelosi.

- **Mancanza di rimorso o senso di colpa**

Il segno principale mostrato dagli psicopatici è la mancanza di rimorso o senso di colpa per le loro malefatte. Se fanno del male a qualcuno, non lo accettano: potrebbero considerare responsabile la vittima. Non si prendono mai la responsabilità dei torti fatti altri e si offendono se qualcuno glielo fa notare. Invece di accettare i propri difetti, è probabile che diano la colpa agli altri.

- **Narcisismo**

Gli psicopatici ammirano e amano molto se stessi. Non pensano neanche per un secondo al bene o al dolore degli altri. Pensano di essere superiori a tutti e vogliono essere ammirati. Considerano gli altri delle nullità e pensano di essere i migliori.

- **Noia**

Gli psicopatici hanno bisogno di cambiamenti continui e di brividi nuovi nella vita. Sono sempre in cerca di qualcosa di nuovo che possa farli divertire.

- **Ricerca del potere**

Gli psicopatici vogliono sempre avere la meglio sugli altri, che devono lavorare per loro e obbedirgli. In breve, vogliono diventare i leader di tutto, e le altre persone devono seguire i loro comandi. Amano essere autoritari e controllare tutti.

- **Correre Rischi**

Gli psicopatici non pensano alla propria sicurezza né a quella degli altri. Fanno ciò che vogliono senza preoccuparsi del fatto che potrebbe essere pericoloso. Sono coinvolti in attività illegali come rapine, furti, omicidi e molti altri crimini, che compiono con efficienza, senza essere notati. Sono intelligenti e ben organizzati.

- **Rifiuto di regole e normative**

Non obbediscono a regole, normative o leggi dettate dalle autorità. Gli psicopatici credono che siano inutili e create su basi sbagliate. Perciò, spesso infrangono la legge con furti, rapine e altre attività illegali per cui non provano senso di colpa.

- **Maestri della manipolazione**

Gli psicopatici sono dei maestri dell'inganno e della manipolazione. Conoscono mille tattiche per persuadere la gente e manipolarla facilmente senza fare capire le proprie vere intenzioni. Non mostrano mai le loro vere emozioni, fingono sempre; perciò, chi è vicino a uno psicopatico di solito non capisce le sue vere motivazioni. Usando diverse tattiche di manipolazione, si conquistano la simpatia delle persone per soddisfare i propri bisogni.

- **Bugie continue**

Mentire è molto facile per uno psicopatico, e lo fa per qualsiasi cosa. Si dice spesso che gli psicopatici abbiano una doppia faccia: nascondono quella vera e ingannano gli altri con quella finta. Le azioni degli psicopatici non corrispondono alle loro parole. Mentono per raggiungere i propri scopi, anche se dovesse risultare dannoso per gli altri. La maggior parte delle volte non hanno un motivo per mentire, ma lo fanno lo stesso per avere un senso di soddisfazione.

- **Arroganza**

Alti livelli di orgoglio e arroganza sono parte della personalità degli psicopatici. Pensano di essere più importanti di tutti, gli altri sono niente. Non aiutano il prossimo anche se potrebbero farlo con facilità. Hanno un grande senso di grandiosità e pensano di dovere essere al potere. Gli psicopatici si considerano capaci di fare qualsiasi cosa.

4. Sadici comuni

I sadici comuni condividono molte caratteristiche con le personalità oscure di cui abbiamo parlato ma, in aggiunta, si divertono a essere crudeli. Provano piacere a vedere soffrire gli altri. Secondo Paulhus, la maggior parte delle persone nelle forze di polizia o nelle forze armate sono sadici comuni, che possono ferire gli altri rimanendo nei confini della legge.

La "Triade Oscura" è quindi diventata una "Tetrade Oscura" quando Buckles e i suoi colleghi Delroy Paulhus, dell'Università della British Columbia, e Daniel Jones, dell'Università di El Paso, Texas, hanno affermato che il sadismo è un altro aspetto delle personalità oscure e, perciò, dovrebbe essere considerato come tale.

Comportamenti dei Sadici comuni

Incontriamo tutti dei sadici comuni nella vita di tutti i giorni. Molte volte ne siamo circondati senza nemmeno rendercene conto. Sono le persone che infliggono intenzionalmente dolore agli altri e provano piacere nel farlo. I sadici comuni possono ferire gli altri in modi da normali a gravi. Di seguito ci sono alcune delle azioni quotidiane dei sadici comuni:

- Provano intenzionalmente a ferire gli altri per ricavarne piacere.

- Provano sempre a fare licenziare qualcuno.

- Rivelano i segreti delle persone a cui avevano promesso di mantenerli.

- Causano danni finanziari, fisici e mentali agli altri.

- Hanno atteggiamenti aggressivi; sono sempre coinvolti in atti di bullismo.

- Cercano sempre di rovinare le relazioni altrui.

- Vogliono rovinare la reputazione delle persone.

- Voglio ferire le persone che gli stanno attorno, come compagni di scuola o familiari.

Proprio come gli psicopatici, i sadici comuni hanno personalità affascinanti che li rendono popolari nei loro gruppi sociali. Sono molti influenti, perciò è difficile capire le loro vere intenzioni. È facile diventare vittima dei loro piani. I sadici comuni pensano che fare del male agli altri possa andare a loro vantaggio, in qualche modo. Molte volte, feriscono gli altri a causa dell'invidia, perché si sentono minacciati o perché lo trovano divertente.

Come affrontare chi mostra tratti di una personalità oscura?

In molti incontrano persone affette da caratteristiche delle personalità oscure. A volte diventa difficile avere a che fare con chi li mostra. Se c'è qualcuno nel genere nella tua vita lavorativa, fra i tuoi amici o a scuola, puoi usare le seguenti tecniche.

Fare i conti con i narcisisti

Se nella tua cerchia al lavoro ci fosse un narcisista, potrebbe essere dannoso per tutti. All'inizio, può distruggere il morale e l'armonia del gruppo, che sono cose necessarie per poter lavorare insieme. Perciò, devi fargli capire in che modo il suo comportamento sta influenzando i membri del gruppo.

Spesso, i narcisisti vogliono prendersi il merito per il lavoro del gruppo e non vogliono che gli altri membri ricevano alcun riconoscimento. I narcisisti hanno ego smisurati, perciò sono alla ricerca costante di sfide. Per fare i conti con persone del genere, devi riuscire a tenergli testa nelle discussioni, oppure farlo trovare in una situazione in cui deve fare affidamento sui colleghi. Così dovrà lavorare col gruppo e rispettarne gli altri membri.

Reagire alle aggressioni

L'aggressività delle persone con tratti della personalità oscuri potrebbe essere molto pericolosa. È facile capire se una persona è aggressiva: alza la voce, suda, ha il volto arrossato, ecc.

Quando capisci che qualcuno sta diventando aggressivo o ti senti minacciato, allontanati subito. Crea anche una distanza emotiva con quella persona.

L'ascolto attivo è una tecnica usata per affrontare le persone inclini all'aggressività. Significa ascoltare tutte le preoccupazioni della persona e il messaggio che vuole comunicare, in modo da poter identificare la causa dell'aggressività.

Avere a che fare con i manipolatori

In ambito lavorativo, ci sono molte persone che potrebbero volerti manipolare. Come fare per distinguere i manipolatori dagli altri? È facile! Se la persona che ti sta lodando ha tratti machiavellici, si tratterà sicuramente di un manipolatore.

Se individui un manipolatore, prima di iniziare a lavorare con lui firma sempre un contratto di prestazione: se dopo cercherà di negare ciò che hai fatto, potrai mostrargli il contratto che ha firmato.

Capitolo 5

Sei Principi a Cui Credere

È essenziale capire la Psicologia Oscura per avere un nuovo punto di vista sulla vita e sulle persone. Bisogna essere sempre in grado di capire le vere motivazioni che si nascondono dietro le azioni degli altri. Per farlo, è importante conoscere la Psicologia Oscura. Ecco sei principi utili per avere una comprensione completa della Psicologia Oscura:

Principio 1:

La Psicologia Oscura è universale. È parte delle persone da sempre ed è un costrutto appartenente a persone di tutte le culture, religioni e società.

Dovunque tu vada, ogni singola persona ha delle caratteristiche della Psicologia Oscura, con la differenza che alcuni le hanno a livelli bassi, altri a livelli alti. Chi meno ti aspetti potrebbe essere un manipolatore, cercare di farti il lavaggio del cervello o ipnotizzarti.

Principio 2:

La Psicologia Oscura studia il comportamento manipolativo umano e i pensieri e sentimenti che vi sono associati. Afferma che tali azioni sono razionali e hanno uno scopo.

Chiunque si comporti in questo modo ha uno scopo. Per esempio, le agenzie pubblicitarie usano la manipolazione per vendere prodotti; i figli per farsi comprare una macchina dai genitori, e così via.

Principio 3:

A causa di diverse concezioni errate, la Psicologia Oscura è stata ignorata sin dalla sua nascita. In passato, gli Psicologi Oscuri la definivano il comportamento attivo e distruttivo delle persone.

Ai giorni nostri, viene considerata come l'insieme di pensieri, percezioni e sentimenti distruttivi di un manipolatore.

Principio 4:

La Psicologia Oscura non può comprendere il livello di gravità del comportamento manipolativo, ma può posizionarlo in una scala di comportamenti più o meno inumani.

Principio 5:

La Psicologia Oscura afferma che ogni persona ha dentro di sé il potenziale per essere più o meno violenta. Secondo gli psicologi, è un potenziale innato che può essere aumentato da vari fattori interni e ambientali.

La maggior parte delle volte, questo tipo di comportamento ha uno scopo, e sono pochi i casi in cui non è così.

Principio 6:

Per ridurre ed evitare i pericoli associati ai comportamenti manipolativi, bisogna capire le cause sottostanti dalla Psicologia Oscura.

Conoscere le cause e gli inneschi legati alla Psicologia Oscura può evitare che giunga a livelli estremi. Inoltre, così è più facile sopravvivere stando a contatto con queste persone.

Capitolo 6

Aspetti Storici, Biologici e Ambientali delle Personalità Oscure: Come Identificarle?

In psicologia, la personalità oscura fa riferimento alle caratteristiche attribuite a sociopatia, machiavellismo e narcisismo, che sono designati come "oscuri" per via delle loro tendenze dannose. Lo studio delle personalità oscure è usato nelle ricerche psicologiche, nel business management e nella psicologia clinica. Chi presenta molti di questi tratti commetterà violazioni, provocherà degrado sociale e creerà problemi gravi alla società, soprattutto se si tratta di leader. Ognuna delle tre personalità è distinta dalle altre, anche se degli studi sperimentali dimostrano che corrispondano in molti punti. Ognuna è associata a uno stile relazionale molto manipolativo.

• Il narcisismo è descritto come pretenziosità, orgoglio, amore per se stessi e mancanza di empatia.

• Il machiavellismo è caratterizzato dal controllo e dallo sfruttamento degli altri, egoismo e assenza di moralità.

• La sociopatia è descritta come una costante condotta antisociale, impulsività, meschinità, durezza e crudeltà.

All'Università Caledoniana di Glasgow, un esame dei fattori ha scoperto che una parte degli individui che presentavano tratti oscuri era accomunata da autocoscienza e disonestà.

Storia

Nel 1998, Worzel, McHoskey, e Szyarto hanno cominciato una conversazione sull'argomento affermando che machiavellismo, narcisismo e sociopatia sono sostanzialmente intercambiabili negli esempi tipici. McHoskey e Delroy L. Paulhus hanno discusso questi punti di vista in un successivo incontro con l'associazione psicologica, creando un gruppo d'indagine che continua a produrre la letteratura tutt'ora pubblicata. Williams e Paulhus hanno scoperto contrasti sociali, personali e psicologici tra le personalità sufficienti per suggerire che fossero diverse; ciononostante, hanno affermato che degli studi ulteriori avrebbero spiegato come e perché si sovrappongano.

• L'idea dell'egoismo non necessario esiste da sempre. La parola "narcisismo" deriva dal personaggio di Narciso nella mitologia greca, eppure il disturbo è stato riconosciuto solo alla fine del diciannovesimo secolo. Da quel momento, il narcisismo è conosciuto da tutti. Il significato di narcisismo è cambiato nel corso del tempo. Oggi, "allude all'entusiasmo o alla preoccupazione di sé in un continuum vasto, da benefico a nevrotico … e comprende sicurezza di sé, autostima, sistema del sé e autorappresentazione".

• Il machiavellismo è l'ipotesi politica di Niccolò Machiavelli e, in particolare, l'idea che si possa usare qualsiasi metodo se può permettere di mantenere il potere politico. La parola deriva dall'ambasciatore del Romanticismo e saggista Niccolò Machiavelli, nato nel 1469, autore fra gli altri de Il Principe. "Machiavellismo" potrebbe alludere anche al nome di un personaggio inventato dallo psicologo Richard Christie, le cui caratteristiche erano astuzia, assenza di una moralità profonda, mancanza di empatia e pessimismo.

• Il termine sociopatia, da psiche (mente o anima) e patia (sopportare o soffrire), è nato grazie agli psicologi tedeschi del diciannovesimo secolo, e all'inizio riguardava solo quello che oggi potremmo definire l'ordine mentale, il cui studio è ancora noto come psicopatologia. Al volgere del nuovo secolo, "mediocrità psicopatica" alludeva al tipo di disturbo mentale che oggi sarebbe definito disturbo della personalità, assieme a una vasta gamma di condizioni diverse che ora sono state classificate. Nel corso del ventesimo secolo, questo e altri termini, come "psicopatici costitutivi (caratteristici)" o "personaggi psicopatici", venivano usati ovunque per indicare qualsiasi individuo che tradisse le aspettative legittime o morali o che fosse visto come non voluto dalla società.

Il termine sociopatico è stato introdotto nel 1929-30 da uno psicologo americano per indicare che la caratteristica principale di questi individui era un'incapacità pervasiva di attenersi agli standard sociali in maniera tale da poter nuocere agli altri. Allo stesso modo, il termine sociopatia era limitato a questa accezione, in particolare grazie alle traduzioni di uno psicologo scozzese e alle proposte avanzate da uno specialista americano e, poi, da un medico canadese. È poi passata a indicare dei tratti della personalità connessi all'immoralità. I manuali ufficiali sulla salute mentale comprendevano un insieme di metodologie e, alla fine, hanno optato per il termine disturbo antisociale o dissociale della personalità. Nel frattempo, alcuni casi di psicopatici erano diventati famosi fra la popolazione mondiale grazie ai personaggi dei romanzi.

Origini

Il problema a lungo dibattuto della "natura contro cultura" è stato connesso alla triade oscura. I ricercatori hanno iniziato a esplorare le origini dei tratti oscuri della personalità e sulle 5 grandi dimensioni della personalità, per poter comprendere i contributi della scienza (natura) e delle variabili ambientali (cultura) nello sviluppo dei tratti della triade oscura.

Biologia

Ognuno dei tratti oscuri ha degli elementi sostanzialmente ereditari. È stato scoperto che il rapporto fra le personalità oscure, le loro caratteristiche, e le 5 grandi dimensioni della personalità è determinato inequivocabilmente dai geni. Ad ogni modo, anche se la sociopatia e il narcisismo hanno una parte considerevolmente ereditaria, il machiavellismo no, ed è stato osservato che è molto meno ereditario delle altre due personalità.

Ambiente

Al contrario dei fattori naturali, l'impatto delle variabili ambientali sembra essere sempre meno evidente e rappresenta una variazione piccola – per quanto cruciale – nelle differenze fra gli individui rispetto allo sviluppo dei tratti oscuri. L'impatto delle variabili naturali fa molta più differenza nei tratti di ciascuna delle tre personalità oscure, mentre il solo machiavellismo è stato identificato primariamente come un fattore ambientale condiviso. Anche se c'è ancora bisogno di conferme, alcuni ricercatori hanno interpretato questa scoperta come l'implicazione che il machiavellismo è la personalità oscura più influenzata dall'esperienza. Ad ogni modo, questa ipotesi ha senso solo se meno sono gli elementi ereditari, più alto è l'effetto delle differenti variabili ambientali.

Metamorfosi dei tratti oscuri

C'è un'ipotesi che potrebbe aiutare a chiarire la diffusione delle personalità con tratti oscuri: il loro comportamento trasformativo ne permette lo sviluppo. È stato inoltre dimostrato che chi ha una personalità oscura può avere molto successo all'interno della società, seppure di breve durata; il problema principale del loro sviluppo risiede nelle difficoltà che hanno ad instaurare relazioni.

Le persone che si concentrano sulla copulazione usano una metodologia definita "vita veloce", mentre chi si concentra sull'essere genitore segue la strategia "rigenerativa moderata". Ci sono prove certe che le personalità oscure siano legate ai sistemi della vita veloce; ciononostante, ci sono stati risultati contrastanti, e non tutte e tre le personalità sono state associate a questa strategia. Un nuovo approccio, che studia la questione sempre più nel dettaglio, ha tentato di rappresentare questi risultati vari scomponendo le personalità nelle loro caratteristiche in maniera più accurata. Si è scoperto che, anche se alcune parti delle personalità oscure sono legate alla vita veloce, altre sono associate a strategie di riproduzione moderata.

Componenti

Ci sono molte somiglianze teoriche e sperimentali tra le caratteristiche della triade oscura. Per esempio, gli studiosi hanno notato che in ciascuno dei tre disturbi c'è un'assenza di empatia, un'aggressività nei rapporti e una tendenza interpersonale antagonistica. Probabilmente è stato grazie alla scoperta di queste somiglianze che sono stati condotti degli studi simultanei sulle caratteristiche di queste tre personalità.

Tuttavia, la maggior parte di questi studi si basa sulle reazioni delle persone o dei testimoni (ad esempio, le valutazioni da parte dei capi o dei colleghi), che possono essere ingannevoli quando si cerca di individuare degli attributi avversi comuni alle tre personalità, perché chi risponde alle domande potrebbe mentire. Inoltre, si tratta di studi su persone con personalità della triade oscura, che ingannano e manipolano chi gli sta intorno, perciò i testimoni potrebbero fornire resoconti inaccurati. A prescindere da queste interviste, ci sono prove concrete del fatto che queste personalità riportino somiglianze pur rimanendo distinte fra loro.

Narcisismo

Ci sono numerosi tipi di narcisisti nel mondo, di cui la più benigna potrebbe essere la persona affascinante che ha bisogno di attenzioni e complimenti costanti da parte degli altri. Tuttavia, ci sono individui la cui vanagloria li porta a livelli tali che sono effettivamente infastiditi quando non gli viene data la considerazione e il rispetto che pensano di meritare. I narcisisti veri potrebbero anche ignorare i sentimenti delle altre persone e sfruttarle per ottenere ciò che vogliono. Il narcisismo, quindi, può essere visto come uno spettro: alcuni presentano meno caratteristiche della personalità oscura, altri di più e molti si trovano nel mezzo. I narcisisti veri e propri dimostrano i livelli più elevati di vanità.

Non costa niente attribuire il termine "narcisista" a qualcuno che parla molto del suo lavoro o che sembra non dubitare mai di sé, ma i narcisisti patologici sono abbastanza rari: circa l'1% della popolazione. Il narcisismo, inoltre, è più complicato di quanto potrebbe sembrare. Non si tratta solo di un eccesso di autostima: è anche desiderio di essere apprezzati, sentirsi unici, un'assenza di compassione, insieme a diversi altri tratti che potrebbero nuocere ai rapporti interpersonali. Sorprendentemente, può capitare che degli individui particolarmente narcisisti ammettano di essere egocentrici, pur pensando di essere migliori degli altri.

Segni del narcisismo: superiorità e presunzione

L'universo del narcisista si suddivide in buono/cattivo, impareggiabile/inferiore e giusto/sbagliato. C'è una scala gerarchica alla cui cima si trova il narcisista: deve essere il migliore, avere sempre ragione, saper fare tutto; fare tutto a modo suo; avere tutto, e controllare tutti. Questi sentimenti, stranamente, posso nascere nel narcisista dopo che, per un certo periodo di tempo, si è sentito il peggiore, di avere torto, di stare male o essere ferito.

Requisiti di attenzione approvazione esagerati

I narcisisti hanno bisogno di attenzioni costanti. La convalida può arrivargli solo da parte degli altri ma, alla fine, non significa molto. La necessità di approvazione di un narcisista è come un imbuto: non importa quanto tu gli dica di adorarlo, rispettarlo o supportarlo, non penserà mai che sia sufficiente, perché non accetta che qualcuno possa amarlo. A prescindere da quanto possano essere egocentrici e vantarsi, in realtà i narcisisti sono insicuri e temono di non essere abbastanza.

Perfezionismo

I narcisisti pretendono che tutto sia sempre perfetto. Credono di dovere essere impeccabili, le cose devono verificarsi esattamente come si aspettano, e la vita dovrebbe essere come la immaginano.

Si tratta, ovviamente, di standard impossibili da raggiungere, che finiscono per deluderli e farli sentire senza speranza nella maggior parte dei casi.

Grande bisogno di avere il controllo

Dato che i narcisisti rimangono sempre esterrefatti dall'imperfezione della vita, hanno bisogno di fare tutto il possibile per controllarla e modellarla come preferiscono. Hanno bisogno e pretendono di essere al comando, e il loro sentirsi privilegiati giustifica questa pretesa ai loro occhi. I narcisisti creano nella loro mente una storia tramite cui hanno già deciso ciò che ogni "personaggio" dovrebbe fare e dire.

Vergogna

I narcisisti non provano sensi di colpa perché pensano di avere sempre ragione, e non credono che le loro azioni abbiano davvero degli effetti sulle altre persone. Tuttavia, covano dentro di sé molta vergogna. Negli angoli più reconditi della loro mente, ci sono incertezze, paure, la fobia del rifiuto, che cercano di nascondere a tutti, inclusi loro stessi.

Paura

Tutta la vita del narcisista è mossa dalla paura, per quanto possa essere nascosta in profondità e zittita. Teme sempre di essere deriso, rifiutato o di avere torto. Perciò, non si fida di nessuno.

Mancanza di empatia

I narcisisti non riescono a simpatizzare con gli altri. In generale, sono di mente chiusa ed egocentrici, e di solito non sono in grado di comprendere i sentimenti degli altri. I narcisisti pensano che gli altri pensino e provino le loro stesse cose, ed è raro che capiscano i veri pensieri delle persone. Altrettanto raro è che si vergognino, chiedano scusa o si sentano in colpa.

Machiavellismo

In psicologia, col termine "machiavellismo" si intende un individuo così concentrato sui propri interessi da controllare, ingannare e approfittarsi degli altri per raggiungere i propri obiettivi. Verso la fine del sedicesimo secolo, "machiavellismo" è diventata una parola molto usata per descrivere l'arte di ingannare gli altri per avere la meglio. Secondo degli studi, il machiavellismo è molto più diffuso fra gli uomini che fra le donne. Tuttavia, può presentarsi in chiunque, anche nei giovani.

Segni del machiavellismo

Chi soffre di machiavellismo presenterà, in generale, molte delle caratteristiche seguenti:

- Incentrato solo sulle proprie aspirazioni e interessi

- Dà priorità ai soldi e al potere rispetto alle relazioni

- Sembra essere affascinante e sicuro di sé

- Si approfitta di e controlla gli altri per eccellere

- Mente e inganna quando necessario

- Usa spesso l'adulazione

- Ha cattivi standard e valori

- Bassi livelli di compassione

- Evita spesso di impegnarsi nelle relazioni e nei legami emotivi

- Può essere ostinato per via della sua natura calcolatrice

- Ogni tanto rivela il suo vero scopo

- Può essere molto bravo a interpretare le circostanze sociali

- Assenza di calore nei rapporti sociali

- Non è sempre consapevole delle conseguenze delle sue azioni

Disturbi psicologici collegati al machiavellismo

Il machiavellismo è parte della "Triade Oscura", insieme a narcisismo e sociopatia. Avere una di queste personalità rende difficile avere rapporti interpersonali, ma se dovessero presentarsi tutte e tre nello stesso individuo, potrebbe trattarsi di una persona molto pericolosa per la salute mentale di chi gli sta attorno. A prescindere dalle somiglianze fra le tre personalità della triade oscura, sono state eseguite delle ricerche per provare l'esistenza di una correlazione fra di esse. Chi soffre di machiavellismo incorpora anche il disturbo antisociale di personalità e il narcisismo. Studi recenti hanno scoperto anche un'elevata presenza di melanconia in chi soffre di machiavellismo.

Come può essere curato il machiavellismo?

Il problema dei tratti di personalità maligni, come quelli che si trovano nella triade oscura, è che, molto probabilmente, chi li mostra non vorrà cercare aiuto né penserà di dovere cambiare. In generale, decidono di richiedere delle cure solo quando vengono spinti a farlo dai parenti, o perché hanno commesso un crimine a seguito del quale un giudice ha deciso che facessero psicoterapia. Perché questa sia fattibile, il paziente dovrebbe essere diretto e confidarsi col terapeuta, andando contro ciò che il machiavellismo porta con sé (sfiducia e incapacità di confidarsi). A volte, viene suggerita la terapia cognitiva comportamentale per chi ha tratti della personalità nocivi: gli schemi di pensiero di una persona ne dirigono le azioni, quindi riconoscendo e modificando pensieri e sentimenti disordinati si dovrebbe riuscire a cambiare il proprio comportamento.

Sociopatia

La sociopatia è il disturbo più difficile da individuare. La persona psicotica può sembrare normale, persino affascinante. Al di sotto di questa facciata, non ha moralità né prova compassione, il che la rende astuta, instabile e la fa agire regolarmente contro la legge. Gli psicopatici sono oggetto di grande interesse. Gli adulti sono per larga parte resistenti alle cure, ma sono stati comunque creati dei progetti per evitare che i giovani apatici o problematici sviluppino tratti di sociopatia.

Le espressioni "psicopatico" e "sociopatico" sono utilizzate in maniera interscambiabile, ma in realtà il secondo termine allude a un individuo con tendenze antisociali dovute a variabili sociali o naturali, mentre quelle degli psicopatici sono intrinseche; tuttavia, un'infanzia difficile potrebbe essere il fatto decisivo per fare sviluppare il disturbo a chi ha già delle tendenze psicopatiche. I due termini sono indicati entrambi nel DSM, il Manuale Diagnostico e Statistico dei Disturbi Mentali, sotto la voce Disturbi Antisociali di Personalità. Il DSM non usa le parole "sociopatia" e "psicopatia", ma in genere li ritroviamo nel linguaggio comune e in quello medico. L'anatomia del cervello, i fattori ereditari e l'ambiente in cui vive un individuo possono contribuire tutti allo sviluppo di una personalità psicotica.

Segni della Psicopatia

La sociopatia è un disturbo che può essere analizzato tramite la Hare Psychotic Checklist, un test psicologico che include una serie di tratti di cui controllare la presenza, come assenza di empatia, promiscuità sessuale, menzogna patologica, stile di vita parassitario e impulsività. Perché il disturbo possa essere diagnosticato, il punteggio dev'essere di 30 punti o superiore; il serial killer Ted Bundy ha ottenuto un punteggio di 39. Questo test è stato creato dallo specialista canadese Robert Hare negli anni '70 e all'inizio è stato usato per fare valutazioni psicologiche dei criminali o in manicomi ad alta sicurezza. Puoi trovare tutti e 20 i criteri del test su internet, ma una valutazione reale dovrebbe essere fatta da un professionista di igiene mentale.

Gli psicopatici non possono essere curati

Così come gli altri disturbi di personalità, la sociopatia è uno spettro. Circa l'1-2% degli uomini e lo 0.3-0.7% delle donne al mondo viene diagnosticato come sociopatico vero, ma il resto delle persone può rientrare in qualche parte dello spettro. Chi ha tratti sociopatici, ad esempio il fascino, l'impulsività e la capacità di persuasione, non avrà problemi nella vita. Gli psicopatici possono avere successo, ma non saranno mai uguali agli altri.

Ciò che distingue uno psicopatico dal resto della popolazione è l'assenza di empatia. Sarà sempre incapace di comprendere i sentimenti di un'altra persona o di interessarsi se qualcuno soffre. A volte, uno psicopatico potrebbe sentirsi ineguagliabile mentre causa danni ad altri individui. La mancanza di compassione non è un problema per lo psicopatico, e non accetterà mai che c'è qualcosa che non va in lui.

I sociopatici non hanno paura delle punizioni o della diffamazione. Non vogliono rientrare negli standard sociali, perciò i desideri della società non influenzano il loro comportamento. Questo è il motivo per cui non temono le condanne quando infrangono la legge. Il trattamento basato sui premi, ad esempio comprargli i loro cibi preferiti o dei giochi nuovi, è il modo migliore per tenere sotto controllo gli psicopatici in carcere. Tuttavia, questo è solo un metodo di controllo, non una cura.

Non tutti gli psicopatici arriveranno a compiere azioni illegali, e molti passeranno tutta la vita senza essere riconosciuti come tali. Ad ogni modo, a prescindere dal fatto che causino problemi o meno, non esistono prove che indichino che la loro personalità possa cambiare. Perciò, gli psicopatici non possono essere curati.

Capitolo 7

Come Usare la Psicologia nella Vita di Tutti i Giorni: 10 Studi Psicologici Classici su Cosa Pensi di Te Stesso

Qualunque possa essere la tua comprensione della scienza, è probabile che usi la psicologia nella vita di tutti i giorni, o è stata usata su di te, che tu lo sapessi o meno.

Sono in pochi a usare intenzionalmente la psicologia come aiuto nella vita quotidiana. Per esempio, il marketing usa delle strategie psicologiche per chiedere ai potenziali acquirenti di comprare l'oggetto o il servizio che sta vendendo. Quella pubblicità che ti ha fatto piangere e ti ha spinto a mandare un SMS con scritto "1234" per donare 4€? Ha utilizzato la psicologia e la compassione per commuoverti di modo che facessi ciò di cui avevano bisogno.

Altre persone potrebbero usare la psicologia senza nemmeno rendersene conto. Ascoltare i problemi di un amico e usare parole come "sì" o versi come "mmh" gli fa capire che lo stai ascoltando. Ripetere le parole all'interlocutore e riflettere la sua comunicazione non verbale è un'altra procedura per permettere all'altro di sentirsi calmo e di essere d'accordo con te.

Robert J. Sternberg, Ph.D., è famoso per il suo tentativo di migliorare in campi in cui non era particolarmente bravo, ad esempio i test sul QI, l'amore, dato che aveva avuto alcune relazioni finite male, e la creatività, quando si è accorto di avere un cervello più analitico. Usando dei metodi di ricerca mentale, Sternberg ha creato delle soluzioni che lo hanno aiutato in ogni ambito della vita.

Lisa Logan, un'insegnante di autodifesa a Cambridge, afferma che comprendere la psicologia degli aggressori le permette di insegnare ai propri studenti come batterli facendoli entrare nella loro testa. Usare la psicologia per capire l'assalitore può diminuire il pericolo dell'aggressione, e ciò può essere applicato a diverse aree della vita.

A prescindere che tu ne sia consapevole o meno, la psicologia è usata nella quotidianità e, con gli strumenti giusti, puoi impiegarla per migliorare in maniera semplice le tue esperienze.

Perché fai le cose che fai? Nonostante i tuoi sforzi per "conoscerti", in realtà sai molto poco sulla tua personalità, anche meno di quanto pensino gli altri. Come ha detto Charles Dickens, "Una realtà magnifica a cui pensare, che ogni umano è un mistero significativo e un puzzle per gli altri".

Gli psicologi hanno cercato per molto tempo delle informazioni su come vediamo il mondo e su cosa ci spinge ad agire nel modo in cui agiamo, e hanno fatto passi da giganti nel sollevare il velo del mistero. Oltre a essere un argomento di cui discutere alle feste, l'analisi psicologica più acclamata del secolo precedente ha scoperto delle realtà sorprendenti sull'istinto umano.

Ecco dieci analisi psicologiche che potrebbero cambiare la comprensione che hai di te stesso.

Abbiamo tutti delle limitazioni riguardo il male

L'analisi più conosciuta compiuta su un ambiente carcerario è quella compiuta all'Università di Stanford nel 1971, che ha evidenziato come le circostanze sociali possono influenzare il comportamento umano. Gli scienziati, guidati da Philip Zimbardo, hanno creato un carcere finto nel seminterrato dell'edificio di psicologia di Stanford, e hanno scelto 24 studenti (che avevano la fedina penale pulita ed erano considerati in salute a livello mentale) per interpretare i carcerati e le guardie. Gli psicologi hanno osservato tramite telecamere nascoste i detenuti (che dovevano rimanere nelle celle per 24 ore al giorno) e le guardie (che avevano turni di otto ore).

Il trial, che avrebbe dovuto avere una durata di circa 14 giorni, è stato interrotto dopo solo sei giorni per via del comportamento pregiudizievole delle guardie (che a volte causavano tormento psicologico) e la pressione e tensione emotiva mostrata dai detenuti.

"Le guardie hanno acuito la loro animosità nei confronti dei detenuti, facendoli spogliare e coprendogli la testa con dei sacchi, per poi farli partecipare a lunghe pratiche sessuali sempre più mortificanti," ha rivelato Zimbardo ad American Scientist. "Dopo sei giorni, abbiamo dovuto interrompere tutto, perché la situazione era assurda – non riuscivamo nemmeno a dormire la sera pensando a ciò che le guardie avrebbero potuto fare ai detenuti."

Non vediamo ciò che abbiamo davanti agli occhi.

Pensi di sapere cosa ti sta succedendo intorno? Probabilmente non ne sei consapevole quanto pensi di esserlo. Nel 1998, degli scienziati delle università di Harvard e del Kent hanno osservato i passanti nei campus delle scuole per capire quanto notavano di ciò che li circondava. Durante il test, un attore si è avvicinato a una persona a piedi e gli ha chiesto delle indicazioni; mentre il soggetto rispondeva, tra i due sono passati degli uomini con un'asse di legno enorme, bloccandogli la vista per un paio di secondi. In quell'intervallo, l'attore è stato sostituito da un'altra persona, con altezza, vestiti, capelli e voce diversa. Il 50% dei soggetti non si è nemmeno accorto della sostituzione.

Questo studio è stato uno dei primi sul fenomeno della "cecità al cambiamento", che mostra quante informazioni acquisisci effettivamente quando ti trovi davanti a una scena casuale, e sembra che si faccia molto affidamento sulla memoria e il riconoscimento di uno schema, più di quanto si possa pensare.

Posticipare la soddisfazione è difficile, ma quando lo facciamo riusciamo meglio nelle cose.

Un acclamato studio di Stanford della fine degli anni '60 ha testato la capacità dei bambini dell'asilo di resistere all'impulso della soddisfazione istantanea, e ha portato ad alcune scoperte importanti sulla determinazione e sull'autocontrollo. Nel test, i bambini di 4 anni sono stati messi in una stanza da soli, con solo un marshmallow su un piatto, e gli è stato detto che avrebbero potuto mangiarlo subito oppure resistere per 15 minuti e mangiarne due.

Secondo TIME, anche se la maggior parte dei bambini ha detto che avrebbe aspettato, ha cercato diverse volte di resistere per poi cedere, mangiando il dolce prima che lo scienziato tornasse. I bambini che sono riusciti ad aspettare per 15 minuti hanno usato principalmente delle tecniche di elusione, come voltarsi dall'altra parte o coprirsi gli occhi. Le implicazioni del comportamento dei bambini sono state significative: chi era in grado di posticipare il piacere aveva meno probabilità di essere sovrappeso, di avere dipendenze croniche o problemi sociali nell'adolescenza, e di avere più successo da adulti.

Possiamo incontrare motivazioni morali profondamente in conflitto

Uno studio del 1961 dello psicologo Stanley Milgram di Yale ha dimostrato (in maniera piuttosto allarmante) quanto lontano sono disposte a spingersi le persone per obbedire alle autorità quando viene richiesto di fare del male a qualcuno, e lo scontro interno fra l'etica personale e la volontà di obbedire alle figure ritenute superiori.

Milgram ha voluto condurre lo studio per cercare di capire come i nazisti avessero potuto compiere atti innominabili durante l'Olocausto. Per farlo, ha nominato un soggetto "educatore" e uno "studente". All'educatore è stato detto di dare scosse elettriche allo studente (che probabilmente era seduto in un'altra stanza, ma in realtà non riceveva nessuna scossa) ogni volta che rispondeva in maniera errata a una domanda. Milgram riproduceva poi delle registrazioni in cui sembrava che lo studente stesse agonizzando, e se il soggetto "educatore" esprimeva il desiderio di fermarsi, lo psicologo lo spingeva a continuare. Durante l'esperimento, il 65% dei soggetti partecipanti ha dato un'ultima, difficile scossa da 450 volt (indicata come "XXX"), anche se molti erano chiaramente a disagio nel farlo.

Anche se questo studio è stato spesso visto come una semplice sottomissione all'autorità, American Scientist ci è tornato di recente affermando che i risultati indicavano chiaramente un conflitto morale profondo.

"La natura buona degli esseri umani ci dice di provare compassione, essere gentili e buoni nei confronti dei nostri simili, ma include anche tendenze a essere xenofobici, barbari e furbi," ha scritto Michael Shermer. "Lo studio con le scosse non ha rivelato una sottomissione cieca, ma uno scontro morale interno al soggetto educatore."

In tempi recenti, alcuni studiosi hanno sollevato dei dubbi sulla filosofia di Milgram, e un critico ha notato che i registri dello studio condotto a Yale indicavano che il 60% dei membri è andato contro le richieste di diminuire il voltaggio della scossa più forte.

Siamo corrotti dal potere

C'è una ragione mentale per cui le persone con molta influenza a volte dimostrano un sentimento di superiorità e una mancanza di rispetto per gli altri. Un'analisi recente pubblicata sulla rivista Psychological Review ha diviso gli studenti in gruppi di tre persone per scrivere un saggio breve insieme. A due studenti è stato detto di scrivere il saggio, mentre all'altro è stato dato il compito di valutare il saggio e decidere quanto sarebbe stato pagato ciascuno di loro. A metà del lavoro, uno scienziato ha portato al gruppo un piatto con quattro dolci. Anche se nella maggior parte dei casi l'ultimo non è mai stato mangiato, di solito era il "manager" a mangiare il quarto - e anche con indifferenza, a bocca aperta.

"Quando gli psicologi danno il controllo ad alcuni individui negli esperimenti logici, devono stuzzicarli in maniera diretta, fargli prendere delle decisioni su questioni pericolose, fargli avere le prime idee negli accordi, parlare al loro cervello e farli mangiare dei dolci come il Cookie Monster," ha scritto per il Greater Good Science Center dell'università di Berkeley lo psicologo Dacher Keltner, uno dei direttori dell'esperimento.

Vogliamo essere in un gruppo e siamo attratti dalle difficoltà interne ad esso

Questo grande studio di psicologia sociale della fine degli anni '50 ha messo in luce i motivi per cui i gruppi sociali e le nazioni finiscono per essere in lotta gli uni contro le altre, e come possono imparare a cooperare.

Muzafer Sherif ha portato due gruppi di 11 bambini (tutti undicenni) al Robbers Cave State Park in Oklahoma per un campeggio. I gruppi (soprannominati "Falchi" e "Serpenti a sonagli") hanno trascorso sette giorni separati, divertendosi e costruendo legami fra di loro, senza sapere dell'altro gruppo. Quando alla fine si sono incontrati, i bambini si sono insultati e, quando hanno iniziato a competere in diversi giochi, si sono verificati ulteriori scontri che hanno portato inevitabilmente i due gruppi a mangiare separatamente. Nel periodo successivo, Sherif ha creato dei test per cercare di fargli eseguire delle attività insieme (il che non ha avuto successo) e gli ha fatto affrontare il problema, cosa che alla fine ha iniziato a diminuire la discordia.

Ci serve una sola cosa per essere contenti

Il 75enne Harvard Grand, che ha condotto la più lunga ricerca estensiva longitudinale, ha seguito 268 studenti maschi di Harvard laureatisi tra il 1938 e il 1940 (e ora tutti ultra 90enni), facendoli radunare periodicamente, quando si trovavano in momenti diversi della loro vita. La conclusine? L'amore è l'unica cosa che conta sempre quando si tratta di avere una vita soddisfacente e felice.

Lo specialista George Vaillant ha detto all'Huffington Post che ci sono due pilastri della felicità: "Uno è l'amore. L'altro è trovare un metodo per adattarsi alla vita in modo da non respingere l'amore". Per esempio, un soggetto aveva iniziato a partecipare allo studio con il tasso di stabilità futuro più basso rispetto agli altri, e in precedenza aveva tentato il suicidio. Ma, alla fine, era uno dei più felici. Perché? Come spiega Vaillant, "Ha passato la sua vita su questo pianeta cercando l'amore".

Siamo al nostro meglio quando siamo sicuri di noi stessi e abbiamo una posizione sociale

Raggiungere il primato in qualcosa e fare progressi non ci risolleva solo il morale: potrebbe essere anche la chiave della vita. Degli studiosi delle università Sunnybrook e Women's College Health Sciences Center a Toronto hanno scoperto che gli attori e i direttori premiati agli Oscar vivono, in generale, più a lungo di chi è stato nominato ma ha perso, superando i loro pari non vincitori di circa quattro anni.

"Non diciamo che si può vivere di più solo in base alla rara possibilità di vincere un Oscar", ha detto ad ABC News Donald Redelmeier, il creatore dello studio. "O che le persone dovrebbero andare a seguire corsi di recitazione. Vogliamo solo dimostrare che le componenti sociali sono significative… Sentirsi sicuri di sé è importante per il benessere e la salute di ognuno".

Cerchiamo sempre di legittimare ciò che facciamo in un modo che ci suoni bene

Chiunque abbia seguito un corso di base di psicologia conosce il concetto di disarmonia intellettuale, un'ipotesi che afferma che le persone hanno l'abitudine caratteristica di tenersi lontani dal conflitto psicologico che deriva da dalle convinzioni disarmoniche o fondamentalmente scollegate. In uno studio del 1959, lo psicologo Leon Festinger ha incitato i soggetti a eseguire una serie di compiti noiosi, come trasformare dei legnetti in maniglie di legno, per 60 minuti. Sono stati pagati 1$ o 20$ per dire a un "individuo in attesa" (cioè uno psicologo) che il lavoro era incredibilmente interessante. Chi è stato pagato 1$ per mentire ha dipinto il compito come più interessante rispetto a chi è stato pagato 20$. Il risultato? Chi veniva pagato di più pensava di avere già ottenuto un compenso adeguato ad aver svolto l'attività per 60 minuti, mentre chi è stato pagato solo 1$ voleva legittimare il tempo che vi aveva trascorso (e diminuire il grado di dissonanza fra le sue convinzioni e ciò che ha fatto) dicendo che l'attività è stata divertente. Perciò, di solito ci diciamo delle bugie per credere che il mondo sia un luogo sempre più sensibile e amichevole.

Crediamo molto agli stereotipi

Stereotipare diversi gruppi di persone in base alla loro appartenenza sociale, etnia o classe sociale è una cosa che facciamo tutti, anche se proviamo a evitarlo – e può portarci ad avere idee sbagliate sulla popolazione intera. Lo studioso Jonh Bargh dell'Università di New York ha indagato sull'"automatizzazione della condotta sociale", scoprendo che si giudicano le persone in base a generalizzazioni inconsapevoli, e non si riesce a resistere all'impulso di seguirle. Inoltre, potresti rimanere coinvolto in generalizzazioni riguardanti gruppi di cui potresti trovarti a fare parte. In un esperimento, Bargh ha scoperto che un gruppo di persone a cui era stato detto di fare l'anagramma di parole legate all'anzianità ("Florida", "impotente" e "rughe"), in uscita ha percorso il corridoio molto più lentamente di chi ha fatto anagrammi di parole non collegate all'età. Bargh ha ripetuto lo stesso esperimento con parole legate alla razza o al rispetto.

"Gli stereotipi sono classificazioni che si sono spinte troppo in là," ha rivelato Bargh a Psychology Today. "Quando usi delle generalizzazioni, vedi il sesso, l'età, il colore della pelle della persona davanti a te, e il tuo cervello reagisce con messaggi ostili, stupidi, deboli. Ma non si tratta di cose presenti intorno a te. Non corrispondono alla realtà".

Capitolo 8

I 6 Principi della Persuasione

La persuasione è una strategia che usi tutti i giorni, ma quanto influente pensi di essere? Quando cerchi di influenzare gli altri, ottieni ciò che vuoi? Se la risposta è no, allora è arrivato il momento di lavorare sulla tua capacità di convincere gli altri. Si pensa spesso che la persuasione, e i sistemi che vi rientrano, sia utilizzata per motivi semplici, ma che non sia corretta. Ma essere bravo in questa arte può fare eccellere una persona a lavoro, nei rapporti con gli sconosciuti e nel fare amicizia.

La persuasione è un'abilità che puoi sviluppare con le giuste informazioni e consigli. Puoi migliorare la tua abilità leggendo questo libro, che spiega le basi della persuasione che ti permettono di capire quanto successo hai al momento. In questo modo, puoi capire come migliorare la tua capacità di persuadere gli altri.

Per oltre sessant'anni, gli studiosi hanno condotto ricerche su vari elementi che spingono a dire di sì alle richieste degli altri. È certo che ci sia sempre un motivo per il quale qualcuno vuole persuaderti, e molti possono essere sorprendenti.

Quando prendiamo una decisione, prendiamo in considerazione tutte le informazioni disponibili. Tuttavia, la realtà è diversa. Le nostre vite sono frenetiche e impegnative, perciò, per semplificare il processo, si trovano spesso altri modi, si seguono altre strade per poter prendere delle decisioni.

Ci sono sei scorciatoie che guidano il ragionamento umano e che sono riconosciute universalmente dalla ricerca; sono:

- Scarsità

- Coerenza

- Reciprocità

- Gradimento

- Consenso

- Autorità

Se comprendi correttamente queste scorciatoie e le applichi in maniera corretta, allora potresti riuscire a influenzare chiunque. Vediamole più nel dettaglio.

Il primo principio della persuasione: la reciprocità

Per la maggior parte, le persone sono contente di ricambiare i regali, restituire un favore o una gentilezza. Per esempio, se un amico ti invita al suo compleanno, allora tu gli chiederai di venire a una festa che organizzerai in futuro. Se un collega ti fa un favore, lo restituirai. È più probabile che una persona dica di sì a chi si è dimostrato riconoscente in passato.

Il modo migliore per dimostrare il principio della reciprocità è una serie di esperimenti condotti nei ristoranti. Quando sei andato a mangiare fuori in passato, al momento di portare il conto il cameriere potrebbe averti dato un piccolo regalo, come un biscotto, un digestivo o una caramella. Questo regalo ti ha influenzato quando hai lasciato la mancia? La maggior parte delle persone risponde di no. Tuttavia, negli studi più recenti, quando il cameriere portava una caramella alla fine del pasto, le mance erano più alte del 3%.

La cosa divertente è che se le caramelle diventassero due, la mancia non raddoppierebbe, ma si quadruplicherebbe, cioè diventerebbe più alta del 14%. A volte, quando un cameriere dà una caramella al cliente, si sposta a un altro tavolo e poi torna con una seconda caramella, dicendo "questa è per voi, perché siete delle brave persone", allora c'è un aumento incredibile del 23% nella mancia. Non è perché la persona ha ricevuto due caramelle, ma per il modo in cui le ha ricevute.

Per usare bene il principio della reciprocità, devi prima dare agli altri, possibilmente in modo inaspettato.

Il secondo principio della persuasione: la scarsità

Ovviamente, le persone hanno bisogno delle cose che non hanno.
Per esempio, nel 2003, quando la British Airways ha annunciato
che il volo Londra-New York che operava due volte al giorno
sarebbe stato cancellato, perché non avrebbe portato profitti, le
vendite sono aumentate.

Non è cambiato niente nel volo. Il servizio non è migliorato
improvvisamente, non ha iniziato a volare più in fretta, il prezzo
non è calato. Semplicemente, non sarebbe più stato disponibile con
la stessa frequenza, perciò le persone lo volevano di più.

Perciò, i motivi sono evidenti quando si tratta del principio della
scarsità per persuadere gli altri. Parlare a un cliente dei benefici
che ricaverà dall'uso del prodotto non è sufficiente. Perché il tuo
prodotto sia conosciuto dalle persone devi mettere in evidenza
cos'ha di unico, come differisce dagli altri e cosa succederebbe se
la gente non lo comprasse, cioè spiegargli cosa si perderebbero nel
non acquistarlo.

Il terzo principio della persuasione: l'autorità

Questo principio riguarda le persone che seguono i loro leader o
degli esperti con vaste conoscenze. Per esempio, i fisioterapisti
possono convincere molti pazienti a seguire i programmi di
allenamento che consigliano solo perché hanno una laurea appesa
in ufficio.

Perciò, ciò che ci insegna la scienza è che, prima di tutto, è essenziale dimostrare agli altri che sei informato e affidabile. Si tratta di una situazione problematica: non puoi andare in giro a dire alle persone quanto sei bravo, ma puoi assumere qualcuno che lo faccia per te. Sorprendentemente, la scienza ci dice che la persona che ti presenta non dovrebbe essere solo legata a te in qualche modo, ma dovrebbe anche essere brava a presentare se stessa, oltre che te.

Un gruppo di agenti immobiliari ha organizzato uno staff per rispondere alle domande dei clienti e gli ha detto di mettere in risalto l'esperienza degli agenti. Così, sono riusciti ad aumentare il numero di contratti e di valutazioni degli immobili.

Quindi, un membro dello staff ha risposto a un cliente che voleva affittare la sua proprietà dicendo: "Affitti? Le passo Sandra, lavora nel settore degli affitti nella zona da 15 anni". Allo stesso modo, i clienti che avevano bisogno di informazioni sulla vendita degli immobili ricevevano la risposta: "Le passo il capo del dipartimento vendite, Peter, che lavora nel campo da 20 anni".

L'effetto di questa strategia ha portato a un aumento del 15% nel numero dei contratti firmati e del 20% nel numero di appuntamenti presi. È stato un miglioramento considerevole, nonostante il cambiamento sia stato piccolo; la persuasione è sia gratuita che morale.

Il quarto principio della persuasione: la coerenza

Di solito, alle persone piace essere coerenti con le cose che hanno detto o fatto in precedenza. Questo principio entra in gioco quando la gente chiede o cerca qualcuno che faccia dei piccoli favori. Per esempio, una serie di studi dimostra che quando i ricercatori hanno chiesto ai cittadini di mettere dei cartelloni nei cortili davanti alle loro case per una campagna sulla guida sicura, la richiesta è stata rifiutata sistematicamente.

In un'altra area, invece, molti proprietari si sono mostrati quattro volte più disponibili a farlo, perché dieci giorni prima gli era stato chiesto di mettere una cartolina sulla finestra per dimostrare il loro supporto alla campagna. Questa piccola cartolina è stata il primo impegno preso dai cittadini, che poi ha portato a un cambiamento significativo ma coerente con le loro decisioni precedenti.

Perciò, se una persona vuole persuadere qualcun altro usando il principio della coerenza, deve cercare persone disposte a impegnarsi in maniera attiva, volontaria e pubblica. Per esempio, in una clinica medica il numero di appuntamenti saltati è stato ridotto del 18% quando è stato chiesto ai pazienti di scrivere i dettagli degli appuntamenti futuri su una cartolina, invece di farlo fare ai membri dello staff.

Il quinto principio della persuasione: il gradimento

In generale, le persone dicono di sì a chi gli piace.

Ma come si fa a piacere agli altri? La scienza della persuasione parla di tre fattori fondamentali: ci piacciono le persone che ci fanno complimenti, chi è simile a noi e chi ci aiuta a raggiungere obiettivi comuni.

Poiché si hanno sempre più interazioni online, ci si potrebbe chiedere se questi fattori si applichino anche in situazioni del genere.

In due famose scuole di economia, sono stati condotti diversi studi sulla negoziazione fra gli studenti. Ad alcuni gruppi è stato detto: "Mettetevi subito al lavoro. Il tempo è denaro". Circa il 55% di questo gruppo era d'accordo.

Tuttavia, a un secondo gruppo è stato detto: "Scambiatevi alcune informazioni personali prima di iniziare la negoziazione. Trovate delle somiglianze fra di voi". Circa il 90% degli studenti è arrivato alla conclusione che si trattasse di una strategia di successo.

Perciò, per usare il principio del gradimento devi prima di tutto cercare delle persone con cui potresti avere qualcosa in comune e fargli dei complimenti sinceri.

Il sesto principio della persuasione: il consenso

Quando le persone sono insicure, guardano il comportamento e le azioni degli altri per capire cosa fare.

Potresti avere notato che lo staff degli hotel mette delle cartoline nei bagni per convincere i clienti a usare più volte asciugamani e lenzuola. Lo fanno per attirare l'attenzione del cliente sul fatto che utilizzarli di nuovo potrebbe essere positivo per l'ambiente. Questa strategia sembra avere avuto successo in circa il 35% dei casi. Tuttavia, esiste un modo più efficace?

Circa il 75% delle persone che pernotta in un albergo per quattro giorni o più riusa lenzuola e asciugamani. Il principio del consenso insegna che qualunque cosa sia scritta su delle cartoline funziona. Quindi, se le persone seguono quelle indicazioni, il riutilizzo degli asciugamani aumenta del 26%.

Immagina di andare in albergo e di trovare una di quelle cartoline. La prendi e leggi: "Circa il 75% dei clienti ha riusato questo asciugamano". Cosa pensi? Molto probabilmente, qualcosa cosa come "spero che non siano gli stessi asciugamani che hanno usato quelle persone", e il messaggio non avrà alcun effetto sul tuo comportamento.

Ciononondimeno, cambiando le parole il messaggio è diventato più produttivo, e circa il 33% delle persone ha riusato gli asciugamani rispetto allo scenario precedente. La scienza della persuasione ti dice che non dovresti fare sempre affidamento solo sulle tue abilità, ma dovresti guardare cosa fanno gli altri in situazioni simili a quella in cui ti trovi.

Questi erano i sei principi fondamentali della persuasione, per permetterti di effettuare delle modifiche piccole ma efficaci che possono fare una grande differenza nelle tue abilità di persuasione, in modo etico. Per questo motivo, sono chiamati anche i segreti della scienza della persuasione.

Capitolo 9

Influenzare la Mente con la Manipolazione: Vieni Manipolato?

"Manipolazione" potrebbe sembrare un termine molto negativo; tuttavia, può essere usata nella vita di tutti i giorni. Persino tu, con le tue buone intenzioni, puoi usarla per cambiare il comportamento degli altri. Gli psichiatri ne fanno uso ogni giorno, la polizia la usa negli interrogatori. In realtà, è probabile che tu non te ne renda conto, ma a volte le persone manipolano te. Se sai come manipolare gli altri, non solo puoi migliorare la tua qualità di vita, ma anche imparare come rispondere a tali tecniche quando vengono usate su di te.

Quasi sempre, la manipolazione coinvolge un qualche tipo di inganno. La maggior parte dei manipolatori sono bugiardi astuti, considerano mentire un'arte. Non solo ti ingannano su chi sono, ma anche su cosa fanno e perché. Inganno e manipolazione si muovono di pari passo. Alcuni individui disturbati disprezzano la verità se non li aiuta a raggiungere i loro scopi, mentre mentire li porta dove vogliono. Si tratta di una forma di aggressività occulta.

Il "Travestimento" della Cortesia

I manipolatori vogliono che gli altri abbiano sempre una buona opinione di loro, perciò indossano il travestimento sociale della cortesia. Tuttavia, sotto questa facciata sono spietati e bugiardi: cercano di prendere il meglio da te facendo finta di essere buoni. Molte volte, col passare del tempo si riesce a vedere la superficialità nascosta sotto questa facciata, altre volte no, ma non è colpa tua se non ci riesci. Alla fine, potresti capire chi sono in realtà e che intenzioni hanno. Tuttavia, di solito succede molto tempo dopo averci instaurato un rapporto. È come avere un colpo di frusta. Capisci cosa è successo solo dopo essere stato ferito.

Personalità e Onestà

Non basta volere ammettere la realtà; lo fanno in molti dopo essere stati beccati a mentire. È cruciale dire sempre e solo la verità. Se hai una personalità salda, conosci sicuramente il valore della verità: ha il potere di guarire e donare forza e libertà. Si ha sempre la possibilità di scegliere di dire la verità, e lo fa chiunque sia una brava persona. La maggior parte dei futuri manipolatori ha invece un'avversione nei confronti della verità, perciò impara a giocarci per potere ottenere ciò che desidera. Col passare del tempo, la verità su chi sono e cosa vogliono potrebbe diventare un'entità sconosciuta. Nel frattempo, imparano a usare una maschera per ingannare gli altri.

Veniamo manipolati tutti?

Quanto può essere dannoso cadere nella trappola di un manipolatore? Per alcuni, può significare non essere promossi a lavoro, perdere la pensione a causa di un cattivo investimento, scoprire che persone che ammiravano hanno una doppia vita, rimanere traumatizzati o, in casi estremi, essere uccisi.

Si sente spesso parlare di persone che vengono distrutte senza pietà, ingannate e ferite dai loro amici, o notizie al telegiornale che ti lasciano con domande come "qualcuno avrebbe potuto fermarli?" o "come fanno a farla franca?". La risposta è che, sì, spesso avrebbero potuto fermarli, se si fossero accorti dei segnali di pericolo. Uno dei metodi migliori per individuare un manipolatore prima che semini il caos nella nostra vita è di perfezionare le proprie abilità di analisi comportamentale.

Molte persone riescono a individuare gli inganni senza nessun tipo di allenamento con circa il 50% di accuratezza. Gestire e individuare la manipolazione sono però abilità che possono essere imparate e migliorate. Che si tratti di una persona con cui hai una relazione, un collega, uno sconosciuto o un amico, queste abilità sono piuttosto utili. Oltre a risparmiare il tuo orgoglio, che può essere ferito dall'essere manipolato, puoi anche evitare di perdere denaro, sanità mentale e, potenzialmente, la vita se riesci a imparare a individuare i manipolatori. Ci sono tre modi per riconoscere i manipolatori: capire una persona, notare i segnali non verbali comuni e riconoscere i segnali verbali.

Capire una persona

Quasi tutti abbiamo un modo di comportarci "normale", una personalità di fondo. Per capire una persona, devi scoprire qual è questa sua personalità di fondo, il modo in cui si comporta quando è tranquilla. Questa tecnica è diventata famosa grazie a un ex agente dell'anticrimine ed esperta del linguaggio del corpo, Janine Driver. È facile capire le persone che conosci bene, perché hai avuto abbastanza tempo per scoprire qual è il loro atteggiamento normale e come sono quando sono calmi o agitati. Lo fai senza nemmeno pensarci, ed è uno dei meccanismi di sopravvivenza più antichi: sapere indentificare i cambiamenti drastici e veloci nel comportamento degli altri ti avvisa di una violenza in arrivo, e può essere molto utile se impari a smettere di ignorare il tuo istinto. Come con il test del poligrafo, per scoprire la verità bisogna notare le differenze nell'atteggiamento di una persona. Se riesci a capire la personalità di base di una persona, puoi scoprire velocemente quando stanno reagendo a qualcosa e di che tipo di reazione si tratta.

Per capire una persona, bisogna fare una scansione veloce dei gesti del corpo e prestare particolare attenzione ad alcuni comportamenti specifici:

- **Piedi** –Verso che direzione puntano? Sono incrociati? A che distanza sono? Sappi che tenere i piedi a 30-45cm di distanza indica che la persona è sicura di sé.

- **Mani** - Sono serrate a pugno o aperte? Tengono un'arma visibile? Stanno nascondendo una parte del corpo? Stanno compiendo un gesto per cercare di calmare la persona e regolare emozioni intense (sfregare, grattare, accarezzare altre parti del corpo)?

- **Torso**—È rivolto verso di te o da un'altra parte? La direzione dell'ombelico o del torso indica verso chi è rivolta l'attenzione.

- **Testa** - Che espressioni fa? Ha gli occhi socchiusi e le labbra arricciate, come se fosse pronto ad attaccare? Il sorriso è genuino o finto?

- **Tono di voce** – Di solito ha un tono alto? Sta provando a essere più sicuro di sé? Ha un tono nervoso?

- **Segni verbali e del linguaggio** – Perché sembra non volerti dare una risposta chiara e diretta? Perché sta dicendo ciò che sta dicendo?

Abituarsi a osservare le persone in luoghi pubblici può essere un buon metodo per migliorare le tue abilità. I gesti, il tono di voce, i segnali verbali, persino la dilatazione delle pupille o lo sbattere le palpebre possono giocare un ruolo molto importante quando cerchi di capire una persona. L'alcol può intensificare le espressioni del viso e ridurre le inibizioni. Al bar può essere più facile mostrare troppo la rabbia, diventare territoriali, tristi, ecc. Cerca di capire una persona e, dopo, presta più attenzione ai cambiamenti nel suo atteggiamento.

Segni Comuni dell'Inganno o CCD

Ora che sai come fare a capire le altre persone, sarà più facile comprendere questa lista dei segni comuni dell'inganno, per aumentare la tua consapevolezza dei comportamenti altrui. Se riesci a capire cosa cercare, sarà facile individuare questi segnali quando si presentano, invece di ignorarli e non ascoltare il tuo istinto. Se noti che una persona sta mostrando questi segni, non significa necessariamente che ti stia ingannando e che stia mentendo intenzionalmente. Ma potrebbero indicarti se è a proprio agio, sta cercando di ottenere la tua approvazione o se è semplicemente nervosa. Dipende da te come usare queste informazioni.

I manipolatori e i bugiardi esperti cercano di fare il contrario di quello che hai imparato riguardo le bugie. Perciò, come fai a identificarli? Cerca chi sembra essere sempre disposto ad aiutare o chi è amichevole in maniera insopportabile.

CCD:

- Per creare un falso senso di intimità, viola lo spazio personale – si sporge molto in avanti, ti sta troppo vicino anche dopo che ti sei allontanato, ti tocca la spalla o il braccio ripetutamente per cercare di creare un rapporto.

- Ha uno sguardo profondo o un contatto visivo maggiore.

- Copia continuamente il tuo linguaggio del corpo (è una tecnica spesso usata dai venditori).

- Sorriso falso – i muscoli attorno agli occhi si contraggono e fanno comparire le rughe di espressione come se fosse genuino.

- Una voce dentro di te ti dice che c'è qualcosa che non va! I manipolatori con poca esperienza potrebbero essere a disagio o avere paura quando cercano di manipolare qualcuno o di mentire. I segnali più comuni di ciò sono toccarsi continuamente, creare una barriera con le braccia o distogliere lo sguardo.

- Si tocca per cercare di calmarsi – gioca coi capelli, si strofina il collo, incrocia le braccia, gioca coi gioielli, ecc.

- Evita il contatto visivo.

- Si porta le mani e le dita alla bocca – è un gesto inconscio per impedirsi di dire cose scomode.

- Si sfrega il naso.

- Movimenti rigidi, innaturali e limitati.

- Crea delle barriere – può usare un caffè, dei libri o incrociare le braccia per creare una barriera se si sente a disagio durante una discussione. Molte volte, quanto qualcuno non è a proprio agio con ciò che dice, crea una barriera anche davanti alla bocca. È uno dei motivi principali per cui queste persone non credono nell'uso di una scrivania o di un podio durante una lezione, a un workshop, ecc. Mantengono lo spazio aperto per ottenere fiducia e costruirsi un supporto.

Se noti uno qualsiasi di questi segni, è ora di iniziare a tenere d'occhio la persona che li sta mostrando.

Segni verbali

Dopo avere capito una persona e i segni non verbali di inganno, è ora di unire queste cose. I manipolatori danno molti segnali, persino quelli più esperti. Se sei attento e osservi bene, puoi individuare tutti i segnali verbali di un manipolatore che sta cercando di sopraffarti. Alcuni indicatori verbali ti indicano che qualcuno sta cercando di manipolarti.

- **Molti dettagli** – Una delle tecniche più comuni è l'uso eccessivo di descrittori per cercare di provare che la storia è reale.

- **Borbotta o cambia il tono di voce** – Le emozioni intense possono restringere le corde vocali, facendo alzare il tono di voce. I manipolatori o i bugiardi che hanno una voce più profonda sono visti come affidabili. Parlare in maniera monotona o con toni alti può indicare che sei nervoso o che stai cercando di controllare le tue vere intenzioni o pensieri.

- **Strozzinaggio o aiuto a un prezzo** – Se qualcuno ti offrisse qualcosa gratuitamente senza chiedere niente in cambio, accetteresti con riluttanza, ma poi chiederebbe qualcosa che potrebbe essere un grande sacrificio da parte tua. Chi ha bisogno di ottenere il controllo potrebbe offrirti aiuto per costruire un rapporto, per poi provare a sfruttare questo falso legame facendo leva sulla reciprocità.

- **Vanterie da sociopatico** – I manipolatori esperti o i sociopatici provano molto orgoglio nell'ottenere il controllo e il potere sugli altri. Le persone sono spesso spinte a condividere le loro informazioni, ma se presti attenzione e ti tieni alla larga da questi individui puoi risparmiarti molti problemi. Stai attento a cosa condividi durante i colloqui di lavoro o agli appuntamenti.

Capitolo 10

Come Usare l'Inganno per Influenzare la Mente

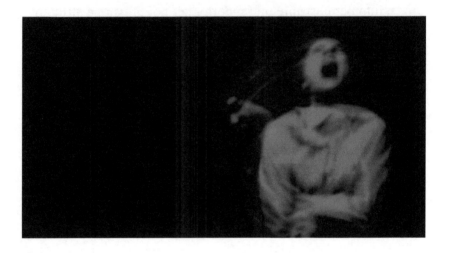

Un'azione, piccola o grande che sia, crudele o gentile, che fa credere qualcosa di falso è un inganno. I risultati di vari studi hanno dimostrato che l'uomo nella media mente diverse volte al giorno, il che significa che persino le persone oneste dicono bugie nella loro vita. Bisogna però distinguere fra bugie grandi, come "Non ti ho mai tradito", e le bugie bianche, come "Quel vestito è bello". Queste ultime vengono usate per evitare delle situazioni scomode o risparmiare le emozioni di qualcuno.

Non si ingannano solo gli altri; a volte, mentiamo a noi stessi per essere più sicuri o per cercare di tenere una situazione sotto controllo. Anche se può essere pericoloso, alcuni ricercatori affermano che diversi tipi di autoinganno potrebbero essere utili, per esempio quando una persona crede di poter riuscire a ottenere un risultato che, in realtà, non può raggiungere.

Sono state fatte diverse ricerche per scoprire se una persona sta mentendo o meno. Una delle più famose è il test del poligrafo, che è tutt'ora considerato controverso, dato che non può mostrare dei risultati affidabili quando viene fatto a pazienti psichiatrici che soffrono, ad esempio, di Disturbo di Personalità Antisociale. Disturbi mentali di questo tipo non possono essere valutati tramite un poligrafo o altre tecniche per individuare le menzogne.

Perché Mentiamo

A nessuno piacere essere tradito, e quando le persone famose vengono scoperte a mentire diventa uno scandalo enorme. Anche se alcune persone sono orgogliose e cercano di tenere alla larga le persone che ingannano, mentono per motivi diversi. Sorprendentemente, gli scienziati affermano che per condurre una vita sana, una certa quantità di inganno è necessaria perché la società continui a funzionare. Il campo dell'inganno è stato studiato da teologi ed esperti di etica, ma adesso è d'interesse anche per gli psicologi.

Come ingannare dicendo la verità?

I direttori commerciali usano regolarmente delle strategie astute per fare affari migliori durante le trattative – di solito facendo affermazioni che sono teoricamente vere, ma sono modificate intenzionalmente per ingannare l'altra parte.

Tale forma di inganno si chiama alterazione ed è l'atto si usare parole vere per modificare le credenze dell'interlocutore tramite impressioni parziali o false. Tuttavia, gli uomini d'affari non sono gli unici ad usare l'alterazione: anche personaggi famosi come Bill e Hillary Clinton, e persino Donald Trump ne hanno fatto uso. Anche tu potresti avere alterato la verità.

Alcune delle ricerche più recenti mostrano che chi altera la verità non pensa che ci sia niente di male, ma l'interlocutore pensa di essere stato tradito. Chi usa l'alterazione potrebbe ricavarne dei vantaggi per un po' di tempo, ma se lo fa troppo a lungo gli altri potrebbero riconoscere il suo inganno, il che potrebbe rovinare le loro relazioni. In un giornale è stato pubblicato un articolo dal titolo "Alterazione Ingannevole: I Vantaggi e Pericoli dell'Usare un Discorso Onesto per Tradire gli Altri".

Un coautore della scuola di economia di Harvard, il professore di economia aziendale che lavora all'unità Negoziazioni, Organizzazioni e Mercati, una volta ha detto: "è interessante vedere le differenze fra una persona che viene tradita e chi l'ha tradita. Le persone pensano che usando questo metodo stiano dicendo la verità e siano onesti, ma chi viene ingannato pensa che siano state disoneste e gli abbiano mentito in faccia".

Le diverse forme dell'inganno

La realtà è che le bugie sono frequenti.

Delle ricerche hanno dimostrato che l'uomo nella media mente una o due volte al giorno a membri della sua famiglia, amici, partner, o colleghi. Ma si tratta principalmente di bugie bianche innocue.

Tuttavia, alcune bugie sono dannose, il che può creare una situazione stressante. Più sono grandi le bugie, più sono gravi le conseguenze. L'inganno può cambiare significativamente il risultato delle negoziazioni che dipendono dalle informazioni.

Alterare la realtà è una pratica diversa dalle altre:

• Mentire per commissione è l'uso attivo di affermazioni scorrette, ad esempio quando si afferma che la trasmissione difettosa di un veicolo funziona benissimo.

• Mentire per omissione significa trattenere informazioni vitali – per esempio, non dire che la trasmissione del veicolo è difettosa.

Gli investigatori hanno eseguito sei esperimenti e due studi pilota per esaminare tre tattiche di inganno diverse usate in vari contesti riguardanti le negoziazioni online e le interazioni faccia a faccia.

In un esperimento, hanno chiesto ai partecipanti di immaginare una situazione: le tue vendite sono cresciute in maniera consistente nel corso degli ultimi dieci anni, ma si prevede che nel prossimo rimangano uguali. Se il tuo collega ti chiedesse "come prevedi che saranno le vendite il prossimo anno?", la risposta sarebbe diversa a seconda del tipo di tattica d'inganno usata.

• Se rispondessi con una bugia per commissione, diresti: "Penso che le vendite aumenteranno l'anno prossimo". In questa situazione, stai ingannando il tuo collega dandogli informazioni sbagliate.

• Se rispondessi con una bugia per omissione, rimarresti in silenzio quando il tuo collega dice: "Penso che le vendite cresceranno l'anno prossimo, proprio come hanno fatto per gli scorsi dieci anni." Perciò, non stai correggendo la sua affermazione sbagliata.

• Se usassi l'alterazione, allora potresti dire: "Beh, sai che le nostre vendite sono cresciute in maniera costante negli ultimi dieci anni". Questa risposta è vera, ma non riguarda le previsioni per le vendite dell'anno successivo, e sai che creerà delle false aspettative nel tuo collega.

Quando ai partecipanti sono state dette le definizioni delle bugie per omissione, per commissione dell'alterazione, la maggior parte di loro è riuscita a categorizzare correttamente le proprie risposte, il che significa che hanno capito il significato di quelle tattiche.

L'alterazione è comune

I negoziatori esperti usano l'alterazione molto più spesso di quanto mentono per omissione o commissione.

In uno degli studi piloti condotti nel corso HBS Exectuvie Education, a cui partecipavano 184 dirigenti aziendali di livello medio-alto, il 52% ha affermato di avere usato l'alterazione in alcune o nella maggior parte delle loro negoziazioni, mentre il 21% ha affermato di avere usato la tecnica del mentire per omissione.

È probabile che usino l'alterazione perché non si sentono in colpa allo stesso modo di quando mentono completamente. I ricercatori hanno scoperto che i negoziatori pensano che l'alterazione sia più tollerabile moralmente rispetto al mentire per omissione o commissione.

Chi mente per commissione ha problemi a razionalizzare il proprio comportamento perché sa di stare mentendo. Forse, molti direttori aziendali pensano che non ci sia niente di male nell'alterazione. Si concentrano sull'accuratezza delle loro affermazioni, perciò si sentono giustificati nel farlo pensando cose come: "ho detto la verità". In alcuni casi, danno la colpa all'interlocutore dicendo che avrebbe dovuto stare più attento al discorso invece di considerarla come un'affermazione ingannevole.

Qual è il motivo per cui le persone alterano la verità? È facile. Circa l'80% dei business manager afferma che usare l'alterazione può avere effetti positivi sugli affari.

Gino afferma: "Le persone non rispondono alle domande che gli vengono poste quando alterano la realtà. In molte negoziazioni, c'è la tentazione di ingannare, quindi finisci per fare un affare migliore, o almeno è quello che si tende a credere".

Il motivo per cui l'alterazione è così diffusa è che funziona. Non può essere riconosciuta facilmente. Perciò, di solito chi altera la realtà riesce a farla franca tradendo gli altri e può avere profitti migliori.

I rischi di alterare la realtà

I ricercatori hanno scoperto, tramite vari esperimenti, che i rischi comportati dall'alterazione sono enormi e a volte pericolosi. Se l'inganno viene smascherato, le negoziazioni arriveranno a un punto morto e, così facendo, i negoziatori potrebbero rovinare il loro status e le loro relazioni con le persone e altre associazioni.

Ciò perché chi è vittima dell'alterazione si sente ingannato, ed è per questo che la pratica è immorale tanto quanto mentire per commissione. I partecipanti agli studi hanno affermato che per via dell'inganno erano meno propensi a negoziare di nuovo con le persone.

Gino afferma, "È quasi impossibile che i negoziatori capiscano che il mondo è piccolo. La maggior parte delle volte, quando usi l'inganno nelle negoziazioni le persone lo capiscono. In questo caso, lo status ne risente tanto da non poter negoziare di nuovo con la stessa persona. Si è così concentrati sul breve termine che non si capisce ciò che si potrebbe dovere affrontare in futuro a causa di questa tattica".

È una situazione anche peggiore quando si fa una domanda a una persona e sceglie di alterare la realtà. Come scrive un ricercatore, "In alcuni casi, ingannare in risposta a una domanda diretta è considerato più immorale che ingannare direttamente le persone".

Gino ha visto di persona i danni causati dall'alterazione della realtà durante gli esercizi di negoziazione al corso universitario.

Afferma, "Nel nostro corso, abbiamo discussioni interessanti. Gli studenti dicono alla persona che vogliono ingannare: "Non ti ho mentito". Il che è vero, ma hanno anche dato impressioni sbagliate. E l'interlocutore li considera bugiardi. Chi è vittima di bugie sviluppa dei profondi sentimenti che colpiscono in maniera negativa anche chi gli sta intorno, ma anche il modo in cui interagiscono con gli altri".

Gino spera che le diverse ricerche possano dare una lezione morale che i direttori commerciali possano comprendere: bisogna stare attenti a piegare la realtà durante le negoziazioni.

Afferma, "Siamo troppo concentrati su di noi durante le negoziazioni. I negoziatori devono capire che, anche se potrebbero dire cose vere, l'altra parte potrebbe capire ciò che stanno facendo, danneggiando la loro relazione futura. Bisognerebbe essere sempre consapevoli dei risultati in cui si può incorrere a causa delle diverse tecniche di negoziazione".

Quali Sono le Regole di Base che Seguono le Persone Quando Mentono?

Capire le tattiche verbali che si usano per ingannare può aiutare a riconoscere come procede l'intera discussione.

Un famoso ricercatore, Paul Grice, ha notato che le persone seguono una serie definita di regole durante una conversazione.

Ogni volta che parli con qualcuno segui delle massime, le regole di Grice.

Sarebbe impossibile avere una conversazione senza seguirle. Le seguiamo tutti anche senza rendercene conto. Le regole di Grice di solito agiscono sullo sfondo, senza che ci facciamo caso.

Quali potrebbero essere queste regole non dette che usiamo quando parliamo con gli altri?

Le quattro regole o massime di base di Grice sono:

Massima della Qualità

La prima regola afferma che è probabile che le persone dicano ciò che sanno essere vero. Quando parliamo con gli altri, ci aspettiamo che dicano la verità.

Per esempio, se tuo marito/tua moglie ti chiede: "Hai visto le mie chiavi della macchina?", si aspetta una risposta vera.

Massima della Quantità

Durante una conversazione, bisogna dare le informazioni necessarie per arrivare al punto. Non bisognerebbe darne né troppe né troppo poche.

Perciò, quando torni a casa dopo una riunione importante e il tuo partner ti chiede: "Cos'è successo oggi?" dovresti rispondere senza dire troppo poco, come "Niente di che", né esagerando, come "Mi sono seduto vicino alla porta, la riunione è iniziata con cinque minuti di ritardo, ecc.".

Massima della Relazione

Questa regola afferma che dovresti sempre dire cose pertinenti all'argomento discusso. Principalmente, dovresti fare affermazioni relative all'argomento, senza aggiungere informazioni irrilevanti.

Se il tuo partner ti chiede: "Com'è stata la tua giornata?" e rispondi dicendo "Odio i pomodori", allora non stai seguendo il principio, perché dovresti dire qualcosa di pertinente all'argomento corrente.

Massima del Modo

Infine, l'ultima regola afferma che dovresti parlare in maniera diretta e chiara, andando al punto. Non dovresti essere ambiguo e usare un linguaggio vago.

Se il tuo ragazzo ti chiede: "Ti piace la mia nuova maglia?" e tu rispondi dicendo "è interessante", non stai seguendo la massima del modo, perché devi essere diretto e chiaro.

In generale, queste semplici regole conversazionali sono utili, sia quando vengono seguite che quando non vengono rispettate.

Seguire le Regole/Massime

Quando si seguono le regole conversazionali, è facile capirsi. Qualsiasi cosa venga detta è diretta, esplicita e pertinente.

Infrangere Visibilmente le Regole/Massime

Quando queste regole vengono infrante, sono comunque utili in un certo senso. Per esempio, se una persona le vìola visibilmente, puoi pensare a ciò che è successo, chiederti "perché lo ha detto?".

I seguenti esempi ti mostrano come funziona:

Se qualcuno ti chiede: "Quanto hai pagato casa tua?" e tu rispondi dicendo "Abbastanza", è probabile che possa interpretarlo come "non sono affari tuoi".

Questo è il significato suggerito dalla risposta; ti esprimi senza dire le cose in maniera chiara, infrangendo le regole di Grice.

Un'altra situazione in cui si violano le regole/massime: immagina che tu e il tuo collega vi stiate riposando a lavoro lamentandovi del vostro supervisore. A metà della frase, il tuo collega cambia improvvisamente argomento, infrangendo la regola della relazione. Senza una parola, ti ha detto ciò che dovevi sapere.

Quando vuoi essere diretto e chiaro, senza ambiguità, segui le regole di Grice.

Se invece infrangi le regole in modo ovvio e visibile, puoi fare intendere in maniera piuttosto chiara un altro punto.

Potresti anche tradire queste regole quando stai cercando di ingannare qualcuno.

Come Non Essere Ingannato

L'orgoglio, come la maggior parte dei sentimenti umani, fa parte dell'istinto umano. Ma dato che viene considerata spesso come una caratteristica positiva, lascia spazio all'inganno.

Perciò come facciamo a combattere queste propensioni in quanto leader?

Ammetti quando hai torto. Nella sua autobiografia, Benjamin Franklin esprime la sua scelta di ammettere che potrebbe non avere sempre ragione. Ha detto che, così facendo, e ascoltando gli altri, invece di intervenire sempre offrendo la propria opinione, ha diminuito la sua paura di avere torto.

Rendi la norma evitare tutte le contraddizioni logiche dirette, e usa tutte le affermazioni positive disponibili. Per esempio, "positivamente", "senza dubbio" e così via, invece di dire "capisco", "ci penso" o "così pare".

Quando un'altra persona dice qualcosa che pensi sia sbagliata, invece di interromperla improvvisamente e dimostrare l'incorrettezza della sua affermazione, puoi rispondere dicendo che potrebbe essere vera in alcuni casi o situazioni, ma che al momento sembra non essere giusta, e così via. Scoprirai subito i vantaggi di questo cambiamento di comportamento: la discussione può proseguire in maniera più proficua. Il modo tranquillo in cui hai avversato la sua affermazione ha assicurato una recezione migliore e un'incongruenza logica minore. La persona che aveva torto si è trovata meno in imbarazzo, e così è più semplice fare ammettere gli errori agli altri.

Questa tecnica ha sostanzialmente reso Franklin meno orgoglioso. Secondo lo studio di Konnikova, è probabile che lui abbia ingannato meno se stesso e gli altri come risultato.

Sii contento di cambiare completamente prospettiva. Le nostre aspirazioni a mantenere una buona notorietà ci rendono vulnerabili all'inganno.

Chi è pronto a cambiare la propria posizione a seguito della scoperta di nuove informazioni è meno propenso a cadere nella trappola dell'orgoglio.

In un articolo dell'anno scorso, è stato detto che Elon Musk ha un insieme eccezionale di attributi di leadership: è abbastanza testardo da fare rispettare le proprie opinioni, ma anche sufficientemente versatile per essere originale. Musk non sembra avere paura di fare brutte figure se ha torto su qualcosa. Ne parla in termini di accessibilità dei dati: se ha torto, è perché la comprensione del mondo è cambiata totalmente.

Come dice l'Arbinger Institute, "la duplicità del sé … ci rende ciechi ai motivi veri dei problemi e, una volta che siamo ciechi, tutte le 'soluzioni' non faranno altro che peggiorare la situazione". Potrebbero esserci delle implicazioni politiche momentanee quando ammetti i tuoi errori, ma quando sei un leader devi influenzare le persone a fare sempre le scelte migliori.

Per farlo, devi essere sicuro di te.

Un Semplice Test per Individuare un Inganno

Le persone spesso affermano di non stare ingannando gli altri, anche se stanno trattenendo deliberatamente delle informazioni importanti. Si preferisce pensarla a questo modo perché rende più facile mentire.

Perciò, si può fare un buon test per controllare se stai ingannando qualcuno:

•   Se non hai niente da nascondere, perché non dici tutta la verità?

Questo è generalmente l'approccio ideale per capire se stai ingannando qualcuno, nonostante le tue intenzioni.

Come puoi vedere, il significato di "inganno" è molto vasto: include una varietà di comportamenti. Tuttavia, c'è un motivo valido per cui l'inganno può essere visto in questo modo.

Quando riflettiamo sul nostro comportamento ingannevole, lo facciamo in termini molto ristretti e specifici, perché va a nostro vantaggio: ci fa provare meno rimorso e sentire meno responsabili per ciò che facciamo.

Avere una prospettiva così ristretta sull'inganno ci permette di mantenere un'immagine di noi positiva, il che rende più facile mentire agli altri. È più facile raggirare qualcuno quando non si pensa di comportarsi in maniera ingannevole.

Questo è importante, dato che la maggior parte degli inganni si verifica anche in modi diversi dal mentire: spesso, infatti, è un risultato che si ottiene meglio lasciando certe cose non dette.

Tuttavia, quando scopri che un amico o familiare si è comportato in modo da farti credere cose che non erano vere, comprendi il significato della duplicità.

Riguardo all'inganno, le persone sono spesso molto ipocrite. Quando tralasci delle sottigliezze importanti mi stai ingannando, ma se lo faccio io non è un inganno.

È importante conoscere il significato completo dell'inganno, che è molto più utile che avere una prospettiva ristretta.

Conclusioni

La Psicologia Oscura è l'analisi della condizione umana in relazione alla natura delle persone che le spinge a persuadere le persone con intenti devianti o criminali, senza motivi evidenti, guidati dall'istinto. Tutti gli umani ingannano le altre persone. Anche se molti riescono a controllare o sublimare queste inclinazioni, alcune invece le seguono. La Psicologia Oscura cerca di comprendere questi sentimenti, percezioni, pensieri e sistemi astratti che portano a una condotta spietata che entra in contraddizione con la comprensione attuale del comportamento umano. La Psicologia Oscura pensa che le pratiche perverse e criminali siano intenzionali e abbiano un qualche obiettivo alle spalle nel 99% dei casi. Suggerisce che ci sia un'area nel cervello umano che spinge alcune persone a fare atti scioccanti senza motivo.

La Psicologia Oscura si distingue come una delle forze dominanti che agiscono nel mondo ai giorni nostri. Viene usata dalle potenze dominanti, dalle autorità più famose. Chi non la conosce rischia che gli venga usata contro. Cerca di non correre questo rischio!

Tutte le persone normali hanno sentimenti, pensieri e percezioni, ma alcuni potrebbero seguirli impulsivamente, mentre altri imparano a controllarli. Psicologia, filosofia, religione e altri credi diversi hanno provato a definire la psicologia oscura. È un fatto che la maggior parte dei comportamenti umani siano legati ad azioni malvage con uno scopo, eppure la psicologia oscura presume che ci sia una zona grigia. Perciò, potresti non sapere di essere circondato da queste persone. Dipende dalla condizione dell'individuo, se sia normale o meno. La Psicologia Oscura parla dei tratti oscuri.

Sia nella storia del mondo che nella vita di tutti i giorni ci sono casi di individui che agiscono senza pietà, egoisticamente o in maniera vendicativa. Nel linguaggio comune come nella psicologia, queste propensioni oscure prendono il nome di narcisismo (autostima irragionevole), psicopatia (assenza di compassione) e machiavellismo (la convinzione che le regole non si applichino in nessuna situazione), anche note come la triade oscura; ma ne esistono molte altre, come sadismo, egoismo e cattiveria.

Non tutti hanno delle caratteristiche tanto oscure; dipende dalla tua psiche e da come ti comporti con le persone. È per questo che gli specialisti come gli psicologi studiano il comportamento umano, per conoscere i motivi per cui qualcuno ha una personalità del genere. Vuoi sapere di più sulla psicologia oscura? Questo libro ne spiega alcuni dei principi fondamentali. Ogni capitolo espone una parte della psicologia oscura che può essere capita con facilità da una persona comune senza conoscenze specialistiche. Analizzando diversi esempi e casi, avrai una concezione chiara della psicologia oscura. Leggendo questo libro, potrai comprendere la psiche delle persone che usano la magia nera e i motivi che stanno dietro i loro scopi pericolosi. Perciò, dovresti leggerlo e imparare a conoscere questo mondo.

Lightning Source UK Ltd.
Milton Keynes UK
UKHW020705200521
384050UK00006B/83